報道しない自由

「見えない東京の壁」とマスメディアの終焉

西村幸祐

ワニブックス
|PLUS|新書

はじめに――「メディアの解体」が生んだ、新しい全体主義

本書は平成29（２０１７）年11月に刊行された『報道しない自由―なぜ、メディアは平気で嘘をつくのか』（イースト・プレス）の新書版となるが、Ｖｅｒ（バージョン）2として上梓される。つまり、文庫化のように過去、好評を得た単行本をそのまま別のフォーマットに移行させたものではない。じつは、この5年間で事態はますます悪化し、「報道しない自由」がそれまでの偏向報道、歪曲報道にとって代わり、メディアの新しい手口として、より高度な情報操作と情報統制を可能にしているので、そのシステムにどうしても言及しなければならない新たなバージョンが必要になったのである。

しかも、その仕組みが影響力のある一つのメディアだけに留まらず、他のネットメディアやＳＮＳへの情報拡散、さらに日本の場合は「Ｙａｈｏｏ！ニュース」が代表的だが、巨大ＩＴ企業や他のプラットフォームへのニュース配信によって、一層複雑な情報回路が〈ニュース情報〉を消費する構造になっている。ニュースを知りたい人々はメデ

ィアにアクセスしたり購入するのではなく、それらのプラットフォームを見るために個々人のデバイスにアクセスする。報道の受容形態が完全に変化したのである。

それを裏づけるように、実際の新聞の発行部数はここ数年で大幅に減少し、日本新聞協会が２０２１年12月下旬に公表した同年10月時点のデータによれば、スポーツ紙を除く一般の日刊紙97紙の総発行部数は、前年比５・５％（１７９万７６４３部）減の３０６５万７１５３部となった。スポーツ紙も合わせると新聞全体で約２００万部減となる。全国紙と呼ばれる全国で購買可能な新聞で発行部数が多くない新聞一紙が消滅したことと同じになる。

と同時に、テレビ視聴者数も若年層ほど減少傾向にある。だが、テレビ業界はカルテル的要素が強い極端な既得権益団体であり、正確な視聴者減少傾向がなかなか見えない仕組みになっている。ただ、テレビ離れが進行しているのは間違いない。

そんなメディアの変化がここ数年でますます顕著になり、これまで特別このような事情に関心がなかった人にも知れ渡るようになってきた。

そこで、次の新たな問題が発生することになる。各メディアへの入り口となっているプラットホームが抱える問題である。すなわち「Ｙａｈｏｏ！ニュース」をはじめとするプラットホームが日常的に行っている情報統制だ。

「Ｙａｈｏｏ！ニュース」を例にとれば、パソコンで閲覧する場合、まずトップページのニュース欄に何が掲載されるかでアクセス数が異なるのは当然だ。Ｙａｈｏｏ！は毎日約６０００本のニュースを配信しているが、その中でトップページに見出しが掲載されるニュースは、当然ごくごく一部にすぎない。氷山の一角どころの話しではない。通常８本の見出しが掲載され、時間の推移とともに新たなニュースの見出しに差し替えられるが、一つのニュースがトップページに掲載される単純な確率は１／７５０で、０・１３％強にすぎない。

スマホでアクセスする場合はもちろん表示形態が変わるが、10のカテゴリーごとに7本ほどのトップニュースの見出しが掲載され、約70本のニュースが閲覧可能となる。見出しが仮に15分に1本差し替えられるとしても、一日に約１０００のトップ見出ししか表示されない。パソコン版では、ニュース欄には「経済」、「エンタメ」、「スポーツ」、

「国内」、「国際」、「ＩＴ」、「科学」、「地域」、「ライフ」と9分野の区分があり、各分野で８本の見出しが掲載され72本が同時掲載される。差し替えのタイミングが15分だとすると、１日に８６４本が掲載可能となる。しかし、それでも、ニュース１本当たりがトップページに掲載される確率は14・４％である。

いま述べた数値はあくまでも推測と仮定にすぎないが、実際のシステムとそれほど大きな差異があるとは思えない。いずれにしても、何をトップページに掲載するかという判断は編集部に任される。仮にＡＩが部分的に機能するとしても、ＡＩに判断基準を与えるのは編集部の人為的な判断に委ねられる。配信するニュース情報の数が多いほど、逆にプラットホーム側の恣意性が強化されているわけだ。

ニュースの〈受け手〉もデバイスの進化とともに進化してきた。年齢差はあるだろうが、少なくとも20年前のネットからニュース情報を得ていた〈受け手〉より現在の〈受け手〉のほうがはるかにニュース情報を嗅ぎ分け、摑む方法が発達した。じつは〈受け手〉のメディアリテラシー能力が発達しただけ事実に到達する人が増えて、メディア扇動を抑止しているから現状で収まっているのではないか。スマホを中心とするデバイスの進化に拮抗するように〈受け手〉の情報取捨選択能力が向上し、一次ソースであるメディアがその回路から取り残された旧時代の遺物となっているのである。
例えば、海上自衛隊のヘリ空母「いずも」「かが」は公式には護衛艦というカテゴリーに分類されるが、関心のある人は誰でも「ヘリ空母」と認識している。そして、最新鋭ステルス戦闘機F-35B（F35は通常の戦闘機だが35Bは垂直着陸が可能）を艦載機とする事実上の空母への改良工事が行われているが、例えば15〜20年前なら朝日新聞、毎日新聞や赤旗という反日メディアによる空母化阻止のネガティブキャンペーンが成功していたかもしれない。ところが、現在では朝日ですら反対キャンペーンを張ることが不可能になったのである。〈受け手〉のなかで海上自衛隊に軽空母が必要であるという認識が広く共有されているからだ。

そこで、最近はITプラットフォームが、前述したような〈受け手〉がニュースになかなかリーチできない特性を活かす情報統制を行う傾向が強くなっている。ニュースの見出しを目立つ場所にどれだけの時間表示させるかという〈送り手〉側の恣意性が、いとも簡単に情報回路を操作できるのである。私たちは、そんなプラットフォームへデバイスを通してアクセスし、〈ニュース情報〉に接しているのだ。

巨大IT企業の恣意性は政治的意向だけでなく、むしろ利益のために発揮される。強欲資本主義とグローバリズムは同義であり、とくに2020年からの2年間で、世界中に猛威を振るっている〈武漢コロナウイルス〉によるパンデミックで、GAFA（グーグル、アマゾン、フェイスブック、アップル）と呼ばれる巨大ITプラットフォームが空前の利益を上げているのだ。2020年の米国大統領選挙でフェイスブックとツイッターが果たした情報操作と情報統制が問題になり、いまでは米国を中心に数々の提訴がなされ裁判になっている。だが、そういったニュースを日本のITプラットフォームが積極的に取り上げないのは、自分たちの役割を認識しているからだろう。

2018年2月11日に毎日新聞が《被害者に暴言、想像力欠き冷酷》という記事を配信した。

《佐賀県神埼（かんざき）市での自衛隊ヘリ墜落事故で、家を失った住人がネット上で罵声を浴びている。沖縄で相次ぐ米軍ヘリの不時着や部品落下の事故では「それで何人死んだんだ！」と国会でやじが飛んだ。基地のそばで不安を抱え生きる人びとへの想像力が、失われかけていないか。【福永方人、和田浩幸】

自衛隊ヘリが墜落した際、家に一人でいた女児（11）は軽傷で奇跡的に難を逃れた。翌日、父の「許せないですよね」というコメントが新聞で報じられると、ツイッターに非難の投稿があふれた》という書き出しだ。ところが実際は毎日が取り上げた朝日新聞の記事への批判がほとんどで、被害者である父親批判のツイートは数えるほどしかなかった。それと朝日の記事を掲載したＹａｈｏｏ！ニュースのコメント欄、通称「ヤフコメ」への批判がほとんどだった。

朝日の記事は２０１８年2月5日に起きた陸上自衛隊のヘリコプター墜落事故を《負傷女児、ショックで口数少なく　ヘリ墜落、震える住民》（https://www.asahi.com/articles/ASL2563L25TIPE041.html）と伝えるもので、事故を利用して自衛隊への反感を煽《あお》る反自衛隊記事にもなっていた。しかも、事故現場の上にヘリを飛ばして動画撮影したことも多くの〈受け手〉の批判の的になったのだ。それを常に朝日側として批判される毎日新聞が、まるで助け舟でも出すように書いた記事で捏造《ねつぞう》といえるだろう。

このケースは一次ソースの朝日の記事とそれを配信した「Ｙａｈｏｏ！ニュース」がＳＮＳで批判されたものを毎日が擁護するための虚報を書いたという珍しいものだが、一次ソースのメディアとその記事を配信するＩＴプラットフォームの関係がわかりやすく見えるものなった。

ここで「Ｙａｈｏｏ！ニュース」の情報統制に触れなければならない。自衛隊といえば、トンガ王国で起きた海底火山の爆発で甚大な被害を受けた同国支援のために、輸送機、輸送艦が救援物資などを運んだ。1月22日に第一陣の輸送機が飲料水などを無事にトンガへ届け、いくつかのメディアの記事やＴＶニュースを「Ｙａｈｏｏ！ニュース」が配信したが、1月22日の23時には17時に配信されたＴＶ朝日のニュースがトップニュースの見出しから消えていた。もちろん、12時間以上トップページに掲載される記事もあり、このトンガ便に関してはトップページに掲載されたかどうかもわからない。

逆にいつまでも長期間にわたってトップページや目立つ場所に掲載される見出しもある。２０２０年5月7日に反日サヨク系メディアとして知られる「週刊金曜日」が掲載した《三菱電機はレーダー輸出やめろ！　市民団体が本社前で要請》という中国共産党の機関紙のような記事が「Ｙａｈｏｏ！ニュース」に掲載された。当時の安倍内閣の日本を前に進める政策によって軍事技術関連や武器も輸出できるようになったからだ。

中国共産党が南シナ海の多くの岩礁を傍若無人に埋め立て、勝手に自らの領海と宣言する「九段線」によってベトナム、フィリピン、インドネシアなどが脅威にさらされているいま、この輸出プロジェクトは高性能レーダーをフィリピンに供与することで日本がリードして南シナ海とインド太平洋地域の平和と安定と法の支配を守ることに大きく寄与する画期的なものである。つまり、この計画に反対するのは中国共産党ということになるのだが、「Ｙａｈｏｏ！ニュース」はこの記事の見出しを5月7日から、私が確認した8月24日まで目立つ場所に掲載していたのだ。もしかすると、「Ｙａｈｏｏ！ニュース」は英紙「ガーディアン」が中国共産党と資金的協力関係のある世界のいくつかのメディアの一つとして報じた毎日新聞のように、中国共産党と特別な協力関係があるのかもしれない。そうでなければ、中国共産党のメディアということになるではないか。

２０２１年10月に発足した岸田政権の支持率が異様に高いのも、各メディアが、問題が山積するにもかかわらず岸田政権をほとんど意図的に批判しないことと、ＩＴプラットフォームの情報統制が関与しているかもしれないのだ。林芳正外務大臣の地元山口県で公選法違反によって林外務大臣に近い元副知事が辞任し、現副知事も公選法違反を認めているのにもかかわらず、メディアはほとんど沈黙したままだ。もし安倍総理の時代にこれと同じ事件が起これば、新聞とワイドショーは狂ったように連日騒ぎ立てるのは、例の〈モリカケ・桜騒動〉を想起すれば明らかだろう。

さらに、ニュース配信のＩＴプラットフォームや、ラインニュース、スマートニュースなどのアプリによる複合的な情報操作と情報統制の時代に突入したといえる。

本書は底本とした『報道しない自由』に以上の考察や看過できないテーマを新たに加えた。メディアによって私たちがますます危機に陥っている現状を一人でも多くの方に共有してもらえれば幸いである。なお、本文中の敬称は全て略させていただいた。

西村幸祐

第3章　メディア・コントロールとは何か……105

第4章　なぜ、メディアは「歴史洗脳」をするのか……151

第1章

報道されない事実こそが重要

真珠湾攻撃80周年に関する報道

昨年（２０２１年）は日米開戦80周年だった。それに伴い、真珠湾攻撃の行われた12月8日前後に「大東亜戦争（真珠湾攻撃）80周年」ということで、メディアでは数多くの報道がなされた。

ところが「いったいどこの国の報道なのか？」と思わされる代物ばかりだった。いつもの例に漏れず、産経新聞は比較的正確に史実を踏まえた検証を展開していたが、テレビ、とくにＮＨＫ（『ＮＨＫスペシャル　新・ドキュメント太平洋戦争』『歴史探偵「写真で迫る真珠湾攻撃のリアル　若者たちは何を感じたのか？」』）などを含めたすべての報道が先の大戦における真珠湾攻撃の位置付けを、「80年前に日本はこんなひどいことをした」という一面のみの見方に終始した。歴史をきちんと見ようという姿勢がまったくない。

おまけに番組内に捏造があった。嘘《うそ》の言葉を混ぜていたのだ。例えば「日本の爆撃で約２４００人が死亡した」というテロップに、「民間人も含めて」という文言もあった。

もちろん戦争だから、結果的に民間人が巻き込まれた事実はある。しかしながらこのナレーションだと、「日本軍が無差別爆撃した」というふうに聞こえる。

これは故意にやっているとしか思えない。というのもプロデューサーやディレクターがきちんと仕事をしていれば、制作現場に「このニュース原稿はどういうことだ？　こういう歴史的事実はあるのか？」と問いただすはずだ。こういうテロップがまかり通るようなら、むしろかつてのアメリカと日本の共同制作映画『トラ・トラ・トラ！』（１９７０年公開）のほうがはるかに史実に忠実だ。例えば、ゼロ戦が真珠湾に向かっていく際、遊覧飛行していたアメリカの民間機が鉢合わせになって、ビックリして逃げていくというシーンがある。もちろんゼロ戦は攻撃なんてしない。これはまさに象徴的で、日本軍機はまったく民間の飛行機を攻撃しなかった。

ＮＨＫの番組はドキュメンタリーを謳《うた》っておきながら、史実を意図的に隠しているわけだ。ドキュメンタリーより〝映画〟のほうが史実に忠実とはいったいどういうことなのか。あきれるばかりである。

一方、アメリカはさまざまなところで史実に忠実である。

例えば真珠湾に停泊している退役戦艦であるミズーリをそのまま使っている「戦艦ミズーリ記念館（Battleship Missouri Memorial）」もいい例である。ミズーリは日本が真珠湾で沈めた戦艦ではなく、先の大戦から湾岸戦争まで使われた非常に長命の船である。退役後、真珠湾に持っていって、いまは記念館になっているのだが、その艦内（甲板上）では日本の神風特攻隊の展示が丁寧になされている。

ミズーリは先の大戦末期、沖縄戦に参加しているが、当然のように神風特攻を受けた。その特攻機のほとんどは体当たりをする前にアメリカ側の迎撃を受けて撃墜されたのだが、当時19歳だった石野節雄二等飛行兵曹はミズーリに突入を果たしている。その石野が散華した場所を明確に示したうえで、複数の写真――石野の肖像や石野機のミズーリ突入直前の様子など――付きの丁寧な展示説明もある。一種の顕彰といってもいい展示であり、石野の戦いぶりを讃えている。

さらに、石野機は突入には成功したが爆発することなく、ミズーリには大きな損害を与えなかったのだが、石野の亡骸が甲板上に転がったのを、当時のキャラハン艦長の指揮のもと、手製の旭日旗で丁寧に包んで軍葬（海葬）したことまで展示しているのだ。

戦争であるから敵兵は憎い。それでも勇気ある行動で日本の勝利を願い祖国に命を捧げた兵士には敬意を持って接する。ここに軍人の〝矜持〟を感じるのは私だけではあるまい。「戦艦ミズーリ記念館」では2015年に鹿児島・知覧の特攻平和会館から資料を送ってもらい、特攻の特別展まで開催している。日本の一般社会では失われたミリタリーカルチャーの表れでもある。

同じく真珠湾にある「真珠湾ビジターセンター（Pearl Harbor Visitor Center）」と「太平洋航空博物館（Pacific Aviation Museum）」では、水深の浅い真珠湾でいかに飛行機からの魚雷攻撃（雷撃）を成功させたかをも、丁寧に展示している。

水深が浅いということは、飛行機からの雷撃では魚雷が海底に刺さってしまう。それで真珠湾では雷撃は不可能だから安全だとアメリカは信じきっていた。しかし日本軍は見事に飛行機からの雷撃で船の横っ腹を攻撃している。両館とも実物大の魚雷模型を展示し、その画期的な魚雷開発の技術と航空兵の操縦技術を丁寧に解説、絶賛しているのだ。

当時もそうだが、これらの歴史的事実を現在にいたっても明確に展示し、冷静に解説しているアメリカは、まさに史実に忠実であると断言してもいいだろう。

それに対してわが国のマスメディアはどうか。

真珠湾の施設で特攻隊を讃えている事実や当時の日本の魚雷開発技術や日本兵の操縦技術を高く評価していることには一切触れてこなかった。その証拠に、読者にこういう展示がある事実を知っている人はほとんどいないだろう。

もちろん真珠湾攻撃80周年に関する報道においても、新聞もテレビもまったく触れていない。真珠湾攻撃から80年も経っているわけで、アメリカではさらに冷静な分析がなされ、新たな歴史書も出版されている。そういうことも日本のマスメディアは一切無視している。

産経新聞と同じ系列であるフジテレビですらひどかった。BSフジの『プライムニュース』では、昨年12月8日、真珠湾攻撃80周年ということで、「真珠湾の奇襲攻撃から80年・専門家が日米開戦を徹底分析」という特集を組んでいた。ゲストに五百旗頭《いおきべ》眞元防衛大学校校長、村井友秀防衛大学名誉教授・東京国際大学特命教授、井上寿一学習院大学教授を迎え、第4章で触れる「閉された言語空間」そのものの議論を延々と展開していた。

ただ、学習院の井上教授が少々おもしろいことを言って、司会者や他の出演者を慌てさせた場面があった。即ち、なぜ日米は開戦したのかという話になったとき、井上は「（日米開戦に関する）ルーズベルト陰謀論は歴史学的には問題にもならない」と一笑に付したが、一方で「表に出ている事実だけをきちんと振り返れば、開戦のきっかけは日本の外交の失敗がもたらしたものだ」と断言した。これは少々画期的だった。

要するに、開戦は軍部が暴走したからではなく、外交の失敗によるもの、つまり政治の失敗が原因と言いきった。そのとおりで、当時外務省に勤務していた吉田茂の責任でもあるわけだ。実際吉田は日米開戦前には、ジョセフ・グルー米大使や東郷茂徳外相らと何度も会って開戦阻止を目指していたが、失敗している。特命全権大使としてアメリカに派遣され、開戦直前の日米交渉にあたった来栖三郎もそうだ。

つまり、政治と外交の失敗があったため、最後通牒とされる「ハル・ノート」が出されてしまった。それを指摘するようなことを井上が言って、メインキャスターの反町理が慌てて「なんだ、じゃあ外交の失敗で突入したんじゃないですか」などと口にした場面もあったりした。それが新鮮だっただけで、話の内容は新しい研究成果や他の視点を無視する「ＧＨＱ」史観に終始した。

フジテレビは産経新聞と同系列と前述したが、フジサンケイグループというくくりで見ると、保守というイメージがあるかもしれない。しかしそんなことはまったくない。

ＢＳフジの『プライムニュース』はフジテレビでは比較的まともな番組だが、産経プロパーの論説委員をコメンテーターとして呼んだことは一度もない。

何度も出演している古森義久や黒田勝弘は産経だが、古森は毎日新聞、黒田は共同通信出身で、産経生粋の記者ではない。私が懇意にしている論説副委員長の榊原智や佐々木類は一度も出ていないし、阿比留瑠比という編集委員の看板政治記者も出演していない。不思議なのは、産経はフジにとっては系列の新聞社なのに出ていないことだ。いまテレビ局は経営が厳しくなっているので、系列新聞社の記者ならギャラを安く抑えられて重宝なはずなのに出ない。

結局、フジテレビも朝日新聞と岩波書店が形成した戦後体制の言語空間に囚われたままなのである。

そんなわけで真珠湾攻撃80周年に関する報道では、ほとんどのメディアが「閉された言語空間」（江藤淳）のなかで、70年以上前の占領下と同じことを言い続けているままなのだ。

産経だけ、乾正人論説委員長が真珠湾攻撃80周年にあたって「『大東亜戦争』という呼称をきちんと使おう」と書いており、これは全面的に正しい。大東亜戦争という呼称は、日本が閣議決定したものだからだ。

「太平洋戦争」という言葉が使われ始めたのは、GHQ（連合国軍最高司令官総司令部）幕僚部の部局の一つであるCIE（民間情報教育局）が準備し、G－3（参謀第3部）の戦史官の校閲を経た新聞連載企画「太平洋戦争史」がきっかけだ。真珠湾攻撃の行われた12月8日に開始されたこの企画は、ほとんどあらゆる日本の日刊紙で連載されている。

ちなみに江藤淳は『閉された言語空間』のなかで次のように記述している。

（前略）『太平洋戦争史』なるものは、戦後日本の歴史記述のパラダイムを規定するとともに、歴史記述のおこなわれるべき言語空間を限定し、かつ閉鎖したという意味で、ほとんどＣＣＤ（引用者注：アメリカ民間検閲支隊）の検閲に匹敵する深刻な影響力を及ぼした宣伝文書である。

この新聞連載は太平洋戦争という言葉を日本人の言語空間に導入し、それまで〝普通に〟日本人のあいだで使われていた大東亜戦争という呼称の禁止を伴っていた。実際、連載開始の１週間後である１９４５年12月15日に、大東亜戦争という呼称は「神道指令」で禁止を命じられている。

加えてＮＨＫがラジオドラマとして展開した『眞相はかうだ』（Ｐ１６８で詳述）で、「太平洋戦争と呼ぼう」などと言い出している。このドラマもＣＩＥが脚本を担当しているのだ。

戦争が終わって今年で77年になろうというのに、敗戦直後の、しかも占領下の言語空間をいまだに〝守り〟続けている日本のマスメディアは、いったいなんのために、そして誰のために存在しているのだろうか。

執拗に政権を貶めるための新型コロナ報道

マスメディアによる菅義偉《すがよしひで》前総理の新型コロナウイルス対策に対するバッシングもひどいものがあった。日々の報道に世間はもろに影響を受け、菅政権の支持率がどんどん下がった。

この現象はよく考えると安倍政権時の「コロナ対策批判」と同じだ。新型コロナがパンデミックになってから、安倍政権の支持率はどんどん下がっている。これは要するに、マスメディアによる必要以上のバッシングの産物だろう。要するに、パンデミックを利用して、安倍政権を貶《おとし》めたわけだ。政権を弱らせようという目的がありありとわかる。それが見え隠れする報道が非常に多かった。

２０２１年5月頃には「菅政権は新型コロナをまったく抑えこめていない。ワクチン接種も世界に比べて遅れている」と盛んに報道されていた。しかしながら、日本のワクチン接種率が急激に上がったのは、菅前総理のある意味で強引な手法によるものだ。

遅々として進まない厚生労働省のワクチン接種対策を押しのけ、メディアには閣僚経験者の揶揄《やゆ》〝ワクチンの一本足打法〟を広められながらも、官邸主導で接種1日100万回実現へ、がむしゃらに邁進した菅総理の英断は高く評価すべきだろう。もちろん、自衛隊の全面協力も同様だ。

もちろん、メディアはそういう事実にはまったく触れていない。海外のメディアが報道しているという体たらくぶりだ。例えば英国の『ガーディアン』紙は10月13日、「瀬戸際からの復活　日本が新型コロナの驚くべき成功例になった理由」と題する記事を載せ、「目を見張る状況の変化である」と報じている。

また、韓国メディアが「日本では軽症・無症状の感染者をホテルで隔離・管理していたと判明！」と報道している（https://mona-news.com/archives/87336051.html）。いま頃知ったのかと呆れるが、一部引用する。

「ホテルで回復できるよう助けてくれて本当にありがとうございました。家で一緒に過ごして家族にうつるんじゃないかと心配してたんだけど……」

宮城県仙台でコーヒートラック事業を営む田村夏樹さん（28）は今年2月、新型コロナウイルス感染症（COVID-19）が確認された際、家の近くのホテルに隔離され治療を受けた。

コロナ患者を受け入れる病床が足りず、政府が用意した所だった。

田村のコロナ症状は深刻ではなかった。しかしワクチンが発売される前のため、免疫脆弱階層である祖母、母、父と同じ空間に滞在することが気になったが、ホテルで過ごしながら治療サービスを受けることになったのだ。

8日間ホテルに滞在しながら食事の提供を受けたが、費用は一銭もかからなかった。

日本政府が、「コロナ19デルタ変異」第4次大流行当時、全国のホテルの客室を契約し患者らの治療空間として活用したことが分かった。コロナ患者が急増し、コロナの病床が足りなくなると、ホテルに迂回して患者を管理したのだ。1日の確定者数は7000人を超え、医療対応システム崩壊直前の韓国は、参考に値する隣国の話だ。

日本政府は1日の確定者数が1万人を超えるなどコロナ拡散事態が深刻になると、

ＡＰＡグループ、東横イン、ＢＷＨホテルグループなどと契約を締結し、ビジネスホテルの客室６万室を確保した。政府が丸ごと借りたホテルには症状が深刻でないコロナ患者たちが収容された。

「コロナホテル」に隔離される患者には専用客室１室、１日３回食事が提供される。看護師が随時巡回して患者の状況を把握し、措置を取る。ホテル滞在と食事、コロナ治療などはすべて無料だ。

これは２０２１年12月の韓国メディアの報道だが、日本メディアはここまで報道したのであろうか？

日本の入院率（ホテル隔離を含む）は、世界でも飛び抜けて高い。それが一時期パンクしそうになったときに、自宅療養を少し増やそうとしただけで「自宅療養はけしからん」と喚き散らしていたのがメディアである。

ここにもメディアの「報道しない自由」が厳然と存在している。

しかし、そんなことは歯牙にもかけないメディアは、菅総理がワクチン接種促進に注力している時期、陽性者がどんどん増えてきたということで、東京オリンピックに対する空前絶後のネガティブキャンペーンを張り始めた。科学的な根拠に基づくことなく、新型コロナのパンデミックがあるのに、感染がきちんと収まっていないのになぜ東京オリンピックを開催するのかという一点張りだった。

国を二分するほどの騒ぎになったが、いざオリンピックが始まり――始まっても「中止すべきだ」との主張が多くあったのにも驚いた――日本人選手がメダル・ラッシュとなると、ネガティブキャンペーンなど一切なかったかのように連日の報道である。あきれてものも言えない。テレビ朝日にいたっては連日、中止すべきだと主張していたオリンピックをオンエアし、挙句の果てにはオリンピック放送の打ち上げをカラオケ店でやり、事故を起こして社員に怪我人まで出している。厚顔無恥そのものだ。

東京オリンピックで関係者が海外から5万人強来日しているが、仮にオリンピックが原因で感染者数が増えたとしたら、オリンピック後の9月・10月は感染爆発していたはずだ。ところが実際は逆で感染者数は減っている。つまりこの事実がエビデンスとなって、オリンピックは新型コロナ蔓延《まんえん》とは関係がないと明言できる。そしてこの事実についての検証をメディアはやるべきなのに、一切行っていない現状である。

科学的な根拠といえば、例えば理化学研究所（理研）が発表した新しい研究成果で、日本人にはキラーT細胞に特殊な遺伝子が存在し、それがかなり世界的にも稀に感染を防いでいる理由ではないかというものがある。この学説は理研の発表で、十分信憑性があるにもかかわらず、大きく報道されていない。

事実を事実として伝えることを作為的にやらずに、ただ一方的に為政者を叩きまくるだけだった。これはやはり大問題ではないだろうか。菅前総理が新型コロナウイルスの急速な再拡大に振り回され、失策を重ねたのは事実だ。度重なる緊急事態宣言でサービス業などに営業自粛を強いながら、支援は必要な人々の手元に届かず、国民と隔たりが広がっていった。しかしワクチン接種の促進と東京オリンピック開催に関しては成功させたのは事実だ。そういう事実は事実としてきちんと踏まえて、評価すべきところはするべきであろう。

しかし一部の保守論壇を除けば、そういう評価はなされていない。一方でいまだに「日本は感染対策がなってない」などと、国会で発言している議員がいる。いま、世界で新型コロナの感染を最も防いでいる国は日本と台湾である。その事実もなぜ防げているかの究明もなされてはいない。

東京オリンピックの報道は問題山積

東京オリンピックについても、やはり報道すべきことを報道してない。例えば、個人の馬術競技だ。馬術といえばヨーロッパやアメリカでは花形種目だが、日本の戸本一真選手が決勝まで残って、４位入賞している。馬術はヨーロッパ勢とアメリカが圧倒的に強く、日本人が決勝まで残ること、ましてやメダルまでもう一歩のところまで行ったのは画期的なことだ。

それを一切取り上げないし、中継もなかった。馬術はオリンピックの近代五種――一人の選手が1日の間に、フェンシング、水泳、馬術、レーザーラン（射撃、ラン）というそれぞれにまったく異質な5種類の競技に挑戦する、万能性を競う複合競技。「キング・オブ・スポーツ」とも呼ばれる――のなかに入っている、繰り返すが花形のスポーツなのだ。馬術をたしなむということは一種のステータスで、オリンピックの馬術といえば、まさに上流階級の晴れ舞台そのものだ。そもそも近代オリンピックはそういう上流階級が起源になっているわけだ。近代オリンピックの始祖、ピエール・ド・クーベルタンは男爵であり貴族だったのだ。

そういう基本的な〈オリンピック文化〉を伝えない。オリンピック文化を理解していれば必然的に日本人選手が「画期的な活躍をしている」と認識できることも伝えない。

正直に言って私は腹が立った。決勝進出が確定した時点で編成を変えて、決勝をオンエアすべきだったのではないか。

そもそも戸本選手は2016年に活動拠点をイギリスに移して、2018年、アメリカで開催された馬術の世界選手権で団体のメンバーとして4位に入っている。つまりキチンと取材を重ねていれば、注目選手と目されていたはずだ。

それでも中継はおろか、録画放送もなかった。結果の報道はされただろうが、こんな画期的なことが話題にもなっていないということは、申し訳程度に触れただけなのであろう。

おそらくこれは視聴率が取れないからということなのだろう。あらかじめ有力な種目であるということは事前にアナウンスは当然あっただろうし、ＮＨＫは中継ぐらいするのが筋だ。中継が難しいなら、録画でもやるべきだ。しかし録画もなかったし、インターネット配信でも見られない。要するに、最初から競技会場にクルーを入れていないということだ。〝本当に伝えるべきことを知らない〟から伝えない……意図的に伝えないのもひどい話だが、メディアに携わる人間の著しい劣化を感じる。

したがって当然、かつて西竹一《にしたけいち》中尉（バロン西、硫黄島の戦いで戦死し、大佐に進級）が１９３２年のロサンゼルス大会の馬術大障害飛越競技で金メダルを取ったことには、まったく触れない。繰り返しになるが、もし戸本選手がメダルを取っていれば、89年ぶりの快挙だった。画期的な十分ニュース・バリューがある題材でも、テレビで中継はおろか、録画のオンエアもなかった。

西大佐は馬術競技で金メダルを取ったことと誠実な性格から「バロン（男爵）西」と呼ばれ、ヨーロッパやアメリカ、とくに上流階級の社交界、そしてアメリカで排斥されていた日系人の人気を集め、のちにロサンゼルスの名誉市民になったほどの人物だ。

戸本選手が決勝に残ったとき、このような話に触れられることもなかった。東京オリンピックでスポーツ文化を伝えるという基本的なメディアの役割も忘れ去られていた。「日本を礼賛するようなことを避けている。それにバロン西は軍人だったから触れていないのでは？」と思われる読者もいるかもしれないが、これは、文化への無知の所産である。

また、フジテレビがフェンシングの中継をしていたのだが、日本が男子エペ団体で優勝したときに出した画像に韓国人選手が入っていた。一部では「あれは意図的ではないか」と言われているが、意図的な作為以外にそのような画像を出せるわけがない。しかも、表彰式そのものも放送しなかった。

インターネットで「東京オリンピック　フェンシング　フジ」と検索すると出てくる。いまの時代、ありがたいのは、誰かがすべてネットに上げてそのまま残しておいてくれる。そのため、メディアもそれが怖いからか、あからさまな情報操作はやらなくなった。

そして最も気になったのは、開会式から閉会式まで、また各競技の表彰式もすべてそうだったのだが、自衛隊の存在が消されていたことだ。

開会式の日章旗掲揚は自衛官が行った。競技場内に運んできたのも自衛官だが、それに関するアナウンサーの言及がなかった。掲揚時に触れただけだ。閉会式でも降ろした五輪旗を最後に自衛官が受け止めたのだが、このときも意図的に、自衛官に五輪旗が渡る前に旗を持っていた自衛官以外の人たちの名前を述べていた。

つまり、五輪旗が自衛官に渡ったことにアナウンサーは言及しない。広報資料には自衛官の名前や階級等は出ているはずだ。もし、それもなければ日本の組織委員会のミス、ところが、それも言わない。これは意図的だろう。自衛隊を隠すことが目的なのだ。

各競技の表彰式も同様だ。１位から３位の選手の国旗が揚がるが、各国の旗を掲揚するのもすべて自衛官だ。しかし、これを知る日本人は少ない。しかも、必ず彼ら彼女らは掲揚される国旗に敬礼している。

これはオリンピック各大会で伝統になっていることだ。ある意味で、開催国の軍隊が主役になる場でもある。サポートの主役になるのは開催国の軍隊なのだ。

じつは私も10年前にやっと気が付いたのだ。２０１２年のロンドンオリンピックの国際映像がイギリス軍のサポートを非常によく映していたためだ。今回の東京オリンピックでは逆にそれがものすごく消されていた。おそらく自衛官がきちんと映っていたのは、開会式の国旗を受け取って掲揚するシーンくらいだろう。

卓球の混合ダブルスで水谷隼・伊藤美誠組が見事金メダルを取ったが、その表彰式を確認すると、自衛官が国旗に敬礼しているのがわずかに映っている。国旗を揚げているのも自衛官だ。ところが、アナウンスでは触れていない。

国旗を持って揚げるときの掛け声は、まさに軍隊式の掛け声で行っていたのだが、一度だけテレビがその音声を拾ったことがある。しかし、それに関する説明も一切なかった。明らかに意図的だ。伝えたくないものは「ないもの」としてしまう。

基本的に大前提として、メディアは報道したいことしか報道しない。その陰には膨大な事実があるのだ。そのため「テレビや新聞には報道したくない事実があらかじめありますよ」ということを前提に付き合わないといけない。報道されたものだけを前提にメディアリテラシーといっても虚しいだけだ。氷山の上のごく一部分だけで、下にもっと大きなものが隠されている。今回の東京オリンピック報道はまさにその典型例だろう。

語られない彭帥事件の本質

２０２１年11月2日、中国の著名な女子プロテニス選手である彭帥《ほうすい》が微博（ウェイボー）に、張高麗元国務院副総理との正常ではない男女関係に関して告白した。さらに彼女は消息不明となり、女子テニス協会を巻き込むなど、世界的な問題となった。その後、彭帥選手はＩＯＣのバッハ会長とテレビ電話で約30分通話し、「北京の自宅にいる。安全で健康だ」と説明し、「いまはプライバシーを尊重してほしい。友人や家族と過ごしたい」と求めたと報道された。

これは張高麗が今年の北京オリンピックの共産党の招致責任者だったことに留意して接すべきニュースだ。しかしその事実は消されている。バッハ会長とも何回も会って握手しており、蜜月の関係である。しかし元総理だということは出ているが、冬季オリンピックの北京招致の責任者だという報道は全然ない。オリンピックと関係があるということは報道されない。

もしも張がオリンピックと関係があることを報道すれば、この事件に関してＩＯＣが穏便にことを収めようとしている理由が明白になってしまうだろう。だからだろうか、その手掛かりになるようなことは一切表に出てこない。私の知る限り、明確に記しているのは、ネットメディア「東アジア黙示録」だけだ。以下、長くなるが一部を引用する。

（前略）芸能ゴシップ調で取り扱う各種メディアは「彭帥さん問題」と表現するが、違和感は拭えない。本来は、加害者の中共大幹部にスポットを当てるべき犯罪だ。即ち、張高麗事件である。

前副首相という肩書きも少々理解の妨げになる。張高麗は、中共18期の中央政治局常務委員。いわゆるチャイナ・セブンの1人で、最高序列7位まで昇り詰めた指導部中枢の人物だ。

黄熊（引用者注：習近平）のビッグ・ブラザー化で今や形骸化したが、プー体制（引用者注：習近平体制）の初期はまだ集団指導体制の装いが残っていた。厳選された常務委員は権力そのものであり、法体系からも超越した存在である。

告発文には〝良好な関係〟だったことを匂わす件り《くだ》（ルビは引用者による）もある

が、それを一般的な「愛人」と見做すのは飛躍している。また張の妻から繰り返し侮辱されたとも訴える。公然の「不倫」などではない。

（中略）

「石に投げ付けられる卵、或いは火に飛び込む蛾のように、私は自爆的な手段で事実を語ります」

彭帥選手の投稿は、そう最後に結ばれていた。刺し違える覚悟で、元序列７位の最高幹部を告発したのだ。常務委員の性犯罪暴露は過去に例がないが、労働改造所送りレベルでは済まない。

投稿は20～30分前後、ネット上に存在し、間もなくアカウントごとbanされた。著名人の告発が広まるには充分な時間だ。その際、中共当局は最初の失敗を犯した。最適解は公安担当部門が、アカ（引用者注：アカウント）乗っ取りを偽装し、イタズラとして処理することだ。乗っ取った犯人をデッチ上げ、自供と謝罪を国営放送で垂れ流して一件落着。全体主義国なら容易い作業である。

「当局のネット検閲能力からすれば１分と経たずに直ぐに削除され、跡形もなく消去されるはず。当局が意図的に情報を拡散させたことが窺えます」

石平さんは、政争の側面があると説く。告発文が投稿された11月2日は、CCP(引用者注：中国共産党)の重要会議開催直前だった。習近平が敵対派閥を牽制・脅す意図が見え隠れすると指摘する。

(中略)

背景に政争の匂いを嗅ぎ付けるのも妥当だろう。一方、プー指導部が張高麗を引退した常務委員に過ぎないと軽く扱っていたのなら、脇が甘すぎた。

張高麗は目前に迫る党重要イベントのキーマンだったのだ。二番目のミス。習近平チーム、ダブルフォルトである。

投稿から10日間が過ぎ、火に飛び込んだ女性の告発は、スポーツ界のゴシップとして葬られ掛けていた。その状況に一石を投じたのが、WTA(女子テニス協会)のスティーブ・サイモンCEOだ。

「彭帥と全ての女性の訴えは検閲されるのではなく、聴き入れられるべきだ。チャイナの元指導者の行為に関し、性的暴行があったとする彼女の告発は、最大限の真剣さをもって扱われなくてはならない」

WTAは11月14日、彭帥選手の安否確認と性暴行事件の透明な調査を求める声明を発表。これにより真相究明の機運が一気に高まると同時に、責任問題を拡げる論調も出始める。

「IOCは、この件に関して回答していません」

英BBCは関連報道の中で、そう付け足していた。確かに被害者は五輪に連続出場しているテニス選手だが、IOCマターではないだろう、と筆者は考えた。だが、一部メディアは関係性を把握していたのだ。

「この元幹部は北京冬季五輪の準備で中心的な役割を果たしていた」（11月25日付けWSJ〔引用者注：ウォール・ストリート・ジャーナル〕紙）

IOCの文書によれば、張高麗は冬季五輪誘致の指導・支援・監督する運営組織のトップと位置付けられていた。ニューズウィークは「冬季五輪実行部門の監督役」と表現する。

（中略）

WSJ紙のスクープではない。張高麗の履歴を辿れば、告発が表面化した直後にも簡単に判った事実だ。バッハとの2ショット写真もリークではなく、新華社の古い日本語版記事にも掲載されている。

本邦の全国紙を含め大手メディアは、張高麗事件が北京五輪を揺るがす大ネタであることを最初から知っていたのではないか、と勘繰る。そこに風穴を開けたWTAサイモンCEOの功績は大きい。

この世紀のスキャンダルは日本ではほとんど報道されていない。その背景にあるのは、張高麗が北京冬季オリンピックの招致責任者であり、バッハともごく近しい関係だということだ。この事実が表に出てしまうから隠しているとしか思えない。北京オリンピックのマイナスになることは、この時期何も出したくないということなのだろう。

ただ、それを中共が言っているのならまだわかるが、日本のメディアがなんでそんなことをするのかは理解しがたい。中共に忖度《そんたく》しているのかもしれないが、中共から「出すな」と指令が来ているのだと勘ぐりたくなる。そして、その可能性があることは、肝に銘じるべきだろう。でなければ、この事件に関する報道が足並みをそろえて一切出てこないことの説明がつかない。

なぜマスメディアはシナに忖度するのか

彭帥事件同様、新型コロナウイルス（武漢コロナウイルス）に関する報道もことさらにシナに忖度している。新型コロナウイルスの武漢国立ウイルス研究所起源説についてである。

例えば2020年12月15日にイギリスの科学技術特別委員会で、ハーバード大学のアリーナ・チャン博士が証言した。それは共和党が2020年9月に発表した報告書、それから2021年に発売されたオーストラリアのシャーリー・マークソンが書いた、『武漢で本当に起きたこと』というベストセラーとほぼ同じ内容だった。即ち、新型コロナウイルスは武漢の研究所から漏れた可能性がきわめて高い、しかも遺伝子操作で機能拡張された可能性が高いということもこの委員会ではっきり証言しているが、まったく報道されていない。

権威や学歴が大好きな日本のマスメディアが、ハーバード大学の教授が証言したことを報道しないのだ。

また一度不思議なことがあった。TBSが2021年7月26日、『JNNニュース』で「新型コロナウイルスは中国・武漢の『中国科学院武漢ウイルス研究所』から漏れたものだという説が出てきた」と報道したのだ。通常、一度流したニュースはその局のウェブサイトに残っているものだが、このニュースは完全に削除されている。

また、メディアは中国共産党の「国家情報法」についても報道しない。

2017年6月、中国共産党は「国家情報法」という法律を施行した。第7条で中国国民は国家の諜報活動を支援する義務があるとし、第14条では諜報活動を行う機関は企業、国民に対して必要なサポートや支援、協力を要求することが許されると規定している。

まず、こういう単純な事実さえ報道しない。それはメディアが中国共産党の情報操作機関に、もっと明確に言えば工作機関になっているからだ。

終章にも書いたが、厳然と存在しているのが「見えない東京の壁」だ。こういうシナにはマイナスになることを書かないメディアは、東京の壁の〝東側〟にいるとしか思えない。

読者のなかには「どうしてそこまで中共の言うことを聞いてしまうのかが全然わからない」という人もいるかもしれない。

それは文字どおり中共に洗脳されている者か、中共の意向を忖度しないと生きていけないような状況に追い込まれている者が報道に携わっているからだ。

ある経済政策の泰斗が言っていたのだが、中央省庁の官僚や外交官、政治家でもシナに行ったら、とびきり好みの、「なんでこんなに俺の好みをわかっているの？」という女性が身の回りの世話をしてくれるそうだ。これが発展してハニートラップと相成る。マスメディアにもやられている人がごまんといるだろう。そういう人物が自社内で影響力のある立場や地位にあれば、わりと簡単にメディアコントロールはできる。ハニートラップにはまった事実がバラされたら、現在の地位が吹っ飛ぶことになるから、シナの意向には従順だろう。

実際知人の元陸将は退官したあと、高校の同級生がある新聞社で偉くなっていて、盛んに一緒に中国に行こうと誘われたということだ。「行かなかったけど、もし行っていたら、たぶん観光と称してあちこち行って、それなりの接点みたいなものができていた可能性もあるよね」と漏らしていた。

橋本龍太郎元総理が中国のハニートラップにはまったのは有名だが、それももう四半世紀前の話だ。その時代から要人に対する工作が連綿と続いているのは間違いない。そしてハニートラップにはまった幹部が、またその後輩や部下を中国に連れていくことになる。メディアの〝シナ汚染〟は想像を絶することになっていることは間違いないだろう。

その証拠に、北京冬季五輪開幕が近づいた2022年1月下旬の日本の報道ぶりは明らかにおかしい。懸念される問題にまったく触れず、平和を享受する呑気なスポーツ報道しか見られない。北京冬季五輪に対して世界各国が「外交的ボイコット」を表明したのに、日本政府の対応は中国共産党に気をつかったものになった。それだけでなく、世界各国の政府や人権団体からウイグル問題など中国共産党の人権弾圧を非難する対中非難決議が矢継ぎ早に出されたにもかかわらず、本書執筆時点で日本政府は何も行っていない。

２月１日に衆議院の決議が全会一致で採択される予定だが、驚いたことにその文面には「中国」という言葉がなく、虐殺や人権弾圧を非難するという文言もなく、どこの国かわからない相手に向けた「人権状況」を問うという内容に改竄《かいざん》された「非難決議」になってしまった。

そんな岸田政権を支えるかのように、メディアは日本選手団や大会関係者に個人のスマホやＰＣの北京持ち込みへの警告はおろか、注意喚起さえしなかった。オランダ政府が選手団に個人ＰＣやスマホの持ち込みを禁止したこと、トランプ政権のポンペイオ国務長官が米国選手団へ注意を促すメッセージをツイッターで発信したことも報じない。

２０１８年に安倍総理が訪中した後、個人の携帯番号が変わったのだが、その時の同行記者団の持ち込んだＰＣやスマホは、中国共産党に丸裸にされていたのだ。

足りなすぎる日本のウイグル報道

北京オリンピックの「外交的ボイコット」でようやく日本での扱いが増えてきた感の

あるウイグル報道だが、ヨーロッパやアメリカに比べると圧倒的に情報量が少ない。「人権弾圧」「人権弾圧」と繰り返されているが、実際にどういう弾圧が行われているかという報道はほとんどない。ウイグル人の人権がどう扱われているかのレベルで止まっており、具体的な話は皆無であるのが現実だ。

女性には出産できないように強制不妊手術をしているなど、まさに民族浄化が行われていることは報道しない。日本に証言者がたくさんいるにもかかわらずだ。

ウイグル関連で驚いたことがある。ホワイトハウスの記者会見で、外交的ボイコットをサキ報道官が発表したときの発言だ。あのときは夜中だったが、たまたまリアルタイムで聞いていたのだ。サキ報道官はかなり厳しい言葉を使っていた。例えば「人道に対する罪」や「民族大虐殺」などだ。そのフレーズをアメリカ政府の報道官が使っているのだ。

「人道に対する罪」などは、おそらく東京裁判とニュルンベルク裁判以来、公式の場では使ったことはなかっただろう。そこまでの声明を出しているのだが、そのことは日本の報道では扱っていない。「アメリカ政府が外交的ボイコットを発表した」と、それだけだ。

　それもやはり意図的に外しているとしか思えない。普通だったら、特派員で記者会見場に行っていれば、「『人道に対する罪』なんてすごい言葉を使ったな」と思うはずだ。もし思わなかったら、明らかに知識が足りない。記者として失格だ。いくら劣化しているといっても、マスメディアがそんな記者をわざわざアメリカ特派員にするとは考えられない。

　ところが、それを書かない。あるいは、書いてもデスクがカットしているのかもしれない。

　いずれにしても大きな問題だ。加えてウイグルだけが誇張されるが、その前提になっているチベット、南モンゴルの問題は、とっくに民族浄化が行われたあとの状態であることが報道されていない。

　最も怖いのは、日本では知識人というか、自分はある程度賢いという自覚があって、新聞をよく読んでいるという人こそが、一切そういうことを知らないままになってしまうということだ。

また、学校でも教えてくれないから、成人式を迎える年頃になった日本人は、驚くほどそういった問題について無知な大人になってしまうことだ。とくに真面目な人ほどそうなってしまうのだ。

百歩譲って外国のことは、英語ができるか否かという前提はあるが、海外メディアをチェックしていれば防ぐことができるだろう。しかし、日本国内の問題についてそういった事態を防ぐのはかなり難しい。

チベット問題がいちばん盛り上がったのは、長野オリンピックの聖火リレーをめぐる一連の報道だったが、それも一般の人たちが長野にチベット国旗を持っていってデモをやったから、そしてそれに中国側が横暴な対処をしたからニュースになっただけであって、放っておいたら報道されなかっただろう。

つい最近のチベットのネットニュースに出ていた記事だが、いまでは学校教育によってチベット人であるというアイデンティティがどんどん消されているということだ。チベット語を使うことはもちろん禁止で、中国語で授業が行われ、チベットの歴史そのものをなきものとするような教育が展開されているそうだ。そういうレポートがあるのだが、これも報道されていない。2021年12月9日の記事だ。

アメリカの現状についても報道しない

2020年のアメリカの大統領選挙だが、大規模不正が行われたか否か、いまだに決着がついていないことを知る日本人は少ない。例えばいま、複数の州で票監査が行われていることはニュースにならない。ウィスコンシンやアリゾナなど各州で行われている。例えば、バイデンの地元ペンシルベニア州デラウェア郡で不正があったと、以下のような報道がある（翻訳は引用者による）。

ペンシルベニア州デラウェア郡の職員が、2020年11月の選挙で失われた選挙データを再現しようと画策している様子が内部告発のビデオに収められており、ある職員は後に地元の民主党地方検事に〝借りがある〟と自慢げに語っている。これらの記録は、ペンシルベニア州の選挙法に対する広範な違反を隠すために、同郡の職員が行った不正の疑いのある最新の証拠であると、この記録をよく知る関係者は述べている。
デラウェア郡の契約職員として働いていた内部告発者レジーナ・ミラーは、選挙管理者の舞台裏を密かに撮影していたのだが、先月、この録画の一部に基づいて郡の選挙管理者に対して起こされた不正行為の訴訟について知る筋によれば、このビデオは、そのような行為をとらえていたとのことである。その訴訟では、２０２１年5月21日にデラウェア郡に提出された、デラウェア郡全管区の２０２０年11月３日総選挙の最終認定申告書と投票機のテープ開示を求める知る権利要求に対し、郡選挙管理者が選挙データを破棄したと主張している。

仮に不正が大々的に行われていたという話になっても、バイデンが退陣することはもうないだろう。しかし組織的に不正が行われたという事実が出てくると、今後のアメリカ政治に大きな影響を及ぼすのは否めない。ひいては世界がその影響を受ける、重大なイシューなのだ。

じつは大統領選挙での不正はアメリカ人のあいだではかなり周知されている。世論調査では、バイデンがきちんと選ばれたと思っている人のほうが少ないのだ。そういうことも報道されない。

すでにアメリカではバイデンに対して「ノー」という声があちこちで出始めている。「レッツ・ゴー、ブランドン」という応援のためだったフレーズがある。2021年10月2日、NASCAR（アメリカのストックカー〔市販車両〕レース）でブランドン・ブラウンというドライバーが優勝したとき、優勝者インタビューをしたNBCテレビのレポーターが、観客の発したチャント、「ファック・ジョー・バイデン」を「レッツ・ゴー、ブランドン」と叫んでいると勘違いして紹介したのが発端だ。

それで「レッツ・ゴー、ブランドン」というフレーズが「ファック・ジョー・バイデン」と同じ意味を持つようになり、共和党の政治家やバイデンを批判する人たちのあいだで流行っているのだ。

もともとは2021年9月、南部のカレッジフットボールのスタジアムで「ファック・ジョー・バイデン」というチャントが発生したとのことだ。それがいまやメジャーリーグにもNFLにも広がっている。またこのチャントが話題になった直後、「Let's

Go Brandon」というタイトルの反バイデンラップが複数リリースされ、ヒットチャートの上位にランキングされている。こういう珍現象も報道されない。

現下、アメリカにはもう一つ大きな動きがある。クリティカル・レイス・セオリー――「批判的人種理論」。簡単に言うと「白人至上主義がアメリカ社会の根幹をなす法律や制度を通じて現代にも組み込まれており、白人は生まれながらにしてレイシストで、生まれる前からレイシスト」という考えで、一種の自虐史観――に対しての反対運動が全米に広がっているが、これに火をつけたのがこの理論を学校で教えなさいというバイデンの方針だ。それを受けて、自虐史観でもあるクリティカル・レイス・セオリーを学校で教えることに抗議する親たちが全米に広がって、各教育機関で抗議をしている。「こんな教育がされているから嫌だ」といって引っ越す人も多いという。このことも報道されない。ちなみにCNNやMSNBCは親たちの抗議の様子を「国内テロだ」と報道している。

2017年に、「人種差別主義者に主張の拠り所を与えてしまう」という理由で、南北戦争時に南部連合を率いたリー将軍やジャクソン将軍の像が撤去されたのと同じ流れである。『ニューヨーク・タイムズ』が始めた「１６１９プロジェクト」がその発端の一つだ。要するに、アメリカ建国は１７７６年ではなく、初めて奴隷船がアメリカ大陸に来た１６１９年だと主張するものだ。そういう歴史観をつくろうというプロジェクトを『ニューヨーク・タイムズ』が始めたのだ。現在の社会システムを破壊したいという意図なのだろう。

そういう考えが出てくる背景は厳然としてある。社会が普通に機能していれば出てこないのだろうが、現状では、アメリカ社会では貧富の格差が非常に大きく、そのことが決定的な理由なのだろう。

アメリカ人は大学の授業料をローンで賄っている。しかもその額は年間６００万円にも及ぶ。要するに、大学卒業時にとんでもない借金を背負わざるを得ない人たちがたくさんいるのが現実だ。彼らは家も買えない。そのため「社会のシステムが駄目だ」という考えを持たざるを得ない。そこにアメリカンマルキシズムが広がる要因があるのだ。

いずれにしてもアメリカの市井レベルの動きが、日本ではあまりにも報道されておらず、最重要な同盟国であるアメリカの現実をいまの日本人は知らなすぎるのだ。

日米同時に起きた国体の破壊につながる報道

いま、アメリカで民主党の支持者といえば、経済的にどうしようもない状態になっていて、これは自分が悪いのではなくて社会のシステムが悪いのだと考えざるを得ないようなところに追い込まれた人たちが多い。そして、そういう人の一部がアメリカンマルキシズムというか、アンティーファ、あるいはブラック・ライブズ・マターに傾倒してしまう。『ニューヨーク・タイムズ』の「1619プロジェクト」もその流れにある。

それが先鋭化してくると、アメリカの国体そのものを破壊しようということになってしまう。アメリカの国体は、2020年の大統領選挙で初めてわかったのだが、やはり聖書と合衆国憲法なのである。聖書の下に合衆国憲法があるということになる。それは大統領就任式で聖書に手を置いて宣誓することにも表れている。

アメリカにとっての聖書は、日本の『古事記』『日本書紀』とある意味同じであり、日本の国体は記紀に基づくものだ。

ところが最近その国体を破壊しようという動きが、日米で同時に起きている。日本の場合は皇室報道が象徴的だろう。じつは令和元年から続いているのだ。例えば敬宮愛子内親王を女性天皇へというキャンペーンを朝日新聞が注意深く扇動している。

また、「生前退位」という言葉が頻繁に出てきたこともある（第4章で詳述）。天皇陛下の退位は崩御されたときだから、そもそも「生前退位」という言葉はおかしい。

正しくは「譲位」である。過去において譲位は何回もあったわけだから、普通にその言葉を使えばいいのだが、奇妙な言葉をつくりあげて多出させる。故意に使っている。

美智子皇后（当時）が「新聞の一面に『生前退位』という大きな活字を見たときの衝撃は大きなものでした。それまで私は、歴史の書物のなかでもこうした表現に接したことが一度もなかったので、一瞬驚きとともに痛みを覚えたのかもしれません。私の感じ過ぎであったかもしれません」とおっしゃっていたが、じつは静かな抗議をなさっていたのだろう。抗議をなさっているのだが、メディアがそれをまた解説しないから、国体破壊につながる。

先にも触れたが、私の仮説では、日本を分断する見えない東京の壁が問題の核心にある。そしてそれは、北京のファイヤーウォールとつながっていると思えてならない。

冷静に考えれば、不思議に思うはずだ。なぜマスメディアは中共寄りのことばかり報道するのかと。北京のファイヤーウォールは、要するに言論統制の壁なのだが、それがそのまま見えない東京の壁につながっていれば、合点がいく。例えば反安倍の論理というのは、結局『環球時報』などの論調と同じだ。そしてアメリカでも同様のことが展開されているように思えてならない。「1619プロジェクト」もアメリカを弱体化させる動きであり、シナの意向にしっかり沿っている。覇権を狙うシナからすれば、好都合このうえない。

第2章

政権を揺るがした
メディア・コントロールのからくり

本来はポジティブな意味だった「フェイク」

「フェイク」という言葉は本来、含蓄がある。

アメリカの高名な俳優で映画監督でもあるオーソン・ウェルズに『オーソン・ウェルズのフェイク』（1973年）という作品がある。ドキュメンタリー映画といってよく、オーソン・ウェルズ自身が「フェイク」なるものを紹介していく。

登場するのはエルミア・デ・ホーリーという、パブロ・ピカソやアンリ・マチスの偽物を描いて稼いでいた贋作《がんさく》画家。そして、その伝記『贋作』（邦訳は関口英男《せきぐちひでお》、早川書房）を書いた作家クリフォード・アーヴィングである。

贋作者を贋作者として伝記にしたのだから、この時点では問題ないにしろ、アーヴィングは同時期に「ひそかに会ってインタビューを重ね、まとめあげた」とするハワード・ヒューズの自伝で大きな問題になった。捏造だとされた自伝は出版社から刊行される直前にヒューズ側から差し止められた。

7人の記者が電話でヒューズにインタビューした結果、「アーヴィングには会ったこともない」という証言を得たという。ただし、当時、ヒューズは決して人前に姿を現さない謎の人物であり、電話で話したのがヒューズ本人だったかどうかも定かではない。

もともと『オーソン・ウェルズのフェイク』を撮ったオーソン・ウェルズ自身、臨時ニュースの体裁を取ったラジオドラマ『宇宙戦争』（１９３８年）で世間をパニックに陥れた前科を持つ。ラジオドラマの場合は、そう受け取った聴衆に大きな責任があるのかもしれないが、オーソン・ウェルズ自身、とにかく人騒がせなことが大好きなエンターテインメント作家だった。

「フェイク（嘘）」は元来、大きな含みを持つ言葉である。ピカソは「芸術はわれわれに真実を悟らせるための嘘である」と言い、オーソン・ウェルズは映画作品を含めた自身のでっちあげの根底に、このピカソの言葉を置いていた。

「フェイク・ニュース」という言葉の登場

本来、「フェイク」はオーソン・ウェルズの作品のように、またはピカソの作品のように、心躍り、楽しく、興味深いものである。しかし、「フェイク」は非常に醜く使われる言葉として2017年に再登場した。

現在、よく使用される「フェイク・ニュース」という言葉が大きく、またパブリックな場所で初めて取り上げられたのは、2017年2月16日にホワイトハウスで行われたアメリカのドナルド・トランプ大統領の就任後初の単独記者会見だった。次のフレーズがオフィシャルにトランプが「フェイク・ニュース」の言葉を使用した初出だ。

And you can talk all you want about Russia, which was all a「fake news」, fabricated deal to try and make up for the loss of the Democrats, and the press plays right into it.（ホワイトハウス公式ホームページより。「 」は引用者が追加）

一連のロシア報道（この時点ではロシア政府が大統領選挙でトランプ陣営になんらかの有利な介入を行ったのではないかという疑惑）は一切「フェイク・ニュース」である。敗れた民主党が体裁を繕うために流したデマに、マスコミはまんまとはまっている。トランプはそう言い、以降、自身のツイッターで頻繁に「フェイク・ニュース」という言葉を使うようになる。

したがって、トランプ大統領において「フェイク・ニュース」なる言葉は明確に定義されている。「敗れた民主党勢力がトランプおろしのために行う、捏造をはじめとする情報戦略にまんまと乗せられた、あるいは意識的にみずからがそうするメディア報道」だ。

トランプ現象をきっかけにして、日本でも、もはや日常茶飯事のように使われるようになった、日本における「フェイク・ニュース」の定義をはっきりさせておく必要があるだろう。

無視されるメディアの基本「5W1H」

メディアとは「媒体」「媒介」という意味である。「伝えるもの」という意味だ。現在、新聞やテレビなどを総称する言葉となっている「メディア」は、国内外で起こっていることを伝えることを使命とする機関というほどの意味である。そして、そこで重要とされなければならないのは「5W1H」である。

ニュース記事を書くときの記者の心構えである「5W1H」は20世紀初頭に概念化された。『ジャングル・ブック』(1894年)の作者として有名なイギリスの作家ラドヤード・キップリングが1902年に書いた子ども向けの短編物語集『Just So Stories for Little Children』のなかに、次のように出てくる。キップリングは史上最年少の41歳でノーベル文学賞を受賞したことでも知られる児童文学作家で、詩人でもある。

I keep six honest serving-men (They taught me all I knew);
Their names are What and Why and When And How and Where and Who.

私には6人の正直な給仕がいて(彼らが、私が知っていることのすべてを教えてくれたわけだが)、彼らの名前はそれぞれ、「What(何)」「Why(なぜ)」「When(いつ)」「Where(どこ)」「How(どのように)」「Who(誰)」であるといった意味である。同時にキップリングは、この５Ｗ１Ｈを「正直に」言ってくれなければ、何も私たちに教えてくれたことにはならず、私たちは何も知ったことにはならないと言っていることがわかるだろう。

これが現代の、とくに民主主義体制下におけるメディアの本義である。まずは５Ｗ１Ｈを「正直に」、つまり事実のままに伝えることがメディアの第一の重要性であり、メディアから情報を受け取る私たちは、この前提条件をもとに対価を支払ってきたのである。

トランプ大統領は前述した就任後初の単独記者会見で、「テレビをつけ、新聞を開くと大混乱しているとの記事を目にするが正反対だ。この政権はよく整備された機械のように動いている」（産経ニュース、２０１７年2月17日）と述べた。アメリカのメディアは５Ｗ１Ｈを無視しているとトランプの目には映ったのである。そして、そのトランプの目に映ったことこそが、おそらく事実だろう。

現在の日本のメディアもまた、５Ｗ１Ｈを無視している。日本のメディア、とくに朝日新聞、毎日新聞をはじめとする左派系メディアは「旧民進党、立憲民主党、社民党、共産党をはじめとする野党と、市民団体および関連思想家、評論家、ジャーナリストら左派勢力の情報戦略にまんまと乗せられた、あるいは意識的にみずからがそうする」メディアである。

彼らは、この目的のためであれば５Ｗ１Ｈの概念など無視してかまわない、恣意的に操作してかまわないと考えている。５Ｗ１Ｈの概念のないメディアと化しているのだから、まさに「贋《フェイク》・メディア」であるということができる。

フェイク・メディアは言い方を換えれば、一定イデオロギーの情報機関である。イデオロギーの目的に沿って５Ｗ１Ｈを操るのであるから、洗脳装置である。

そして、反日左派の戦略の目的は、現在において、明らかに「北朝鮮の脅威隠し」であり、その背後にある大きな柱は「憲法改正阻止」だ。そのために使われたのが２０１７年前半期の「森友学園問題」であり、後半期の「加計学園問題」である。

開校反対派のキャンペーンが森友学園問題の発端だった

そもそも「森友学園問題」は「学校法人である森友学園が、瑞穂《みずほ》の國《くに》記念小學院（小学校）の建設にあたって払い下げられた国有地の売買価格が適当であるかどうか」である。「森友学園問題」の第一報は各メディアとも２０１７年2月初旬だったと記憶している。

大阪の国有地 学校法人に売却　金額非公表 近隣の1割か

財務省近畿財務局が学校法人に払い下げた大阪府豊中《とよなか》市内の国有地をめぐり、財務局が売却額などを非公表にしていることが分かった。朝日新聞が調査したところ、売却額は同じ規模の近隣国有地の10分の1だった。国有地の売却は透明性の観点から「原則公表」とされており、地元市議は8日、非公表とした財務局の決定の取り消しを求めて大阪地裁に提訴した。（朝日新聞、２０１７年2月9日付。以下ルビは引用者が追加）

これが朝日新聞の第一報だが、記事の最後のほうは、こんな叙述になっていた。

森友学園が買った土地には、今春に同学園が運営する小学校が開校する予定。籠池《かごいけ》

朝日新聞　2017年（平成29年）2月9日　木曜日

大阪の国有地 学校法人に売却
金額非公表 近隣の1割か

近畿財務局による国有地の売却先と価格

9492m²　豊中市に14億2300万円で売却

8770m²　森友学園に1億3400万円で売却か

名神高速道路　豊中市立第十中　100m

服部天神駅　豊中IC　庄内駅　阪急宝塚線　新大阪駅　神崎川　淀川　阪神高速池田線　名神高速道路　梅田駅　JR大阪駅　1km

近畿財務局が売却した土地では私立小学校の校舎建設が進んでいる＝大阪府豊中市

財務省近畿財務局が学校法人に払い下げた大阪府豊中市内の国有地をめぐり、財務局が売却額などを非公表にしていることが分かった。朝日新聞が調査したところ、売却額は同じ規模の近隣国有地の10分の1だった。国有地の売却は透明性の観点から「原則公表」とされており、地元市議は8日、非公表とした財務局の決定の取り消しを求めて大阪地裁に提訴した。

売却されたのは、豊中市野田町の約8770平方㍍の国有地。近畿財務局が2013年6～9月に売却先を公募し、昨年6月に大阪市内で幼稚園を営む学校法人「森友学園」に売った。契約方法は、公益目的で購入を希望する自治体や学校法人、社会福祉法人などを優先する「公共随意契約」がとられた。

この契約について、地元の豊中市議が昨年9月に情報公開請求したところ、財務局は売却額などを非公表とした。朝日新聞も同年12月に公開請求したが、今年1月に同じく非公表とされた。国有地の売却結果は透明性と公正性を図る観点から、1999年の旧大蔵省理財局長通達で原則として公表するとされている。だが、財務局は取材に「学園側から非公表を強く申し入れられた。公表によって学校運営に悪影響が出るおそれがある」と説明した。

朝日新聞が登記簿などを調べると、森友学園側に契約違反があった場合、国が「1億3400万円」で買い戻す特約がついていた。公益財団法人の不動産流通推進センターによると、買い戻し特約の代金は売却額と同じ額におおむねなるという。森友学園の籠池泰典理事長も売却額が買い戻し特約と同額と認めた。

一方、財務局が森友学園

国有地（9492平方㍍）があった。財務局が10年に公共随契で豊中市に売ったが、価格は約14億2300万円。森友学園への売却額の約10倍とみられる。ここは公園として整備された。

森友学園が買った土地には、今春に同学園が運営する小学校が開校する予定。

財務局「土地の個別事情で」

朝日新聞の調べでは、近畿財務局は14～16年度、森友学園と同じ公共随意契約で計36件の国有地を売却。このうち35件は売却額を開示している一方、森友学園への売却分だけを非公表とした。8日に提訴した豊中市の木村真市議(52)は「異常な扱いだ。訴訟では、背景に何があるのか見極めないといけない」と述べた。

財務局が森友学園に売った国有地は、国土交通省大阪航空局管理の未利用地だった。路線価に基づく国有財産台帳の台帳価格は12年時点で8億7472万円、13年時点で7億6302万円。一方、国有財産特別

江戸城 乱世の名残
家康築城直後の図面
敵の進入防ぐ連続枡形《ますがた》？

松江市は8日、市松江歴史館が所蔵している江戸城が描かれた「江戸始図」が、1607～09年ごろの徳川家康による築城直後を描いた最古級の図面だと分かったと発表した。最古とされる東京都立中央図書館所蔵の「慶長江戸絵図」とほぼ同時期で、専門家は「石垣や土塁の構造がより詳しく描かれ、江戸城中心部の詳細が分かる資料」としている。

江戸始図は平面図で、27・6㌢×40㌢。図面の存在は以前から知られていたが、専門家の調査で初めて年代が絞られたという。江戸城本丸内部の「詰丸」や城壁の複雑な構造が描かれ、周囲の屋敷には居住者とみられる人名が記載されている。

城郭の考古学が専門の千田嘉博・奈良大教授によると、慶長江戸絵図も城の中心部を描いているが、ゆがみが大きく石垣と建物の描

「江戸始図」に描かれた天守

現在の天守台跡　詰丸　小天守　大天守　小天守

5連続外枡形のイメージ図　熊本城の例（発表資料から）

森友学園問題の引き金となった記事（2017年2月9日付朝日新聞）

理事長は憲法改正を求めている日本会議大阪の役員で、ホームページによると、同校は「日本初で唯一の神道の小学校」とし、教育理念に「日本人としての礼節を尊び、愛国心と誇りを育てる」と掲げている。同校の名誉校長は安倍晋三首相の妻・昭恵《あきえ》氏。

この問題がキャンペーンであることは、あらかじめ明白だった。不動産鑑定士の査定額９億５６００万円に対して、のちに公表される１億３４００万円で払い下げを受けることになる籠池泰典《やすのり》理事長は〈日本会議大阪の役員〉であり、日本会議は〈憲法改正を求めている〉団体であると、すべてここに伏線は張られていた。

「森友学園問題」を顕在化させたのは大阪府豊中市の木村真《きむらまこと》市議会議員である。報道に先立つ2月8日、売却額を非公表とした財務局の決定の取り消しを求めて大阪地裁に提訴した木村市議は、その目的は「日本会議が背景にある極右の森友学園をつぶしたかった」と、はっきり述べている。

ソースは福島瑞穂議員が投稿した動画で一目瞭然

翌3月に社民党の福島瑞穂《ふくしまみずほ》議員が、問題の小学校建設予定地を視察した際に木村市議にインタビューを行った動画を自身のフェイスブックに載せている。そのなかで、こんな会話が交わされている。

木村「はっきり言ったら、まあ、極右の学校やいうの、わかってましたんで。市民としては、やっぱりそんな学校できてほしくないというのは、率直に言って思ってましたんで」

福島「そうですねえ」

木村「なおかつ、安倍昭恵さんであるとか、日本会議であるとかの背景もわかっていたので、おそらく土地取得に関してね、なんか胡散臭《うさんくさ》いことやってるんちゃうか？　みたいな、それはもう、はっきりと最初から思ってたんで」

木村市議は動画のなかで率直に「森友学園をつぶしたかった」と述べている。それは、つまり「極右の学校」だというのがわかっていたからである。そして、その背景には安倍総理の親族がおり、日本会議がある。

そして、この日本会議と森友学園の関係については前年の時点で、誰もが手に取って読める書籍という加工された情報のかたちで用意されていた。

周到に準備されていた森友学園の情報

２０１６年、『日本会議の研究』（扶桑社）という新書が発刊された。著者は菅野完《すがのたもつ》という政治活動家、ノンフィクション作家である。

この新書には安倍晋三元総理や当時の稲田朋美《いなだともみ》防衛大臣をはじめとする過半数の閣僚が「日本会議」にかかわっていること、森友学園では軍国主義的教育が行われ、教育勅語の斉唱が推奨されていること、「中国」や朝鮮半島出身の人に対してあからさまな敵意を抱いていることなどの内容が含まれている。

また、販売差し止めの仮処分は取り消されたものの、「裏づけの取れない証拠や断片的な事象をつなぎ合わせた内容で、名誉を著しく毀損している」ということから、日本会議および関係者から複数の出版停止の申し立てが行われた。

菅野はメディアの森友学園騒動にも各所で姿を現していた。テレビで生中継が予定されていた籠池理事長の記者会見に、なぜか菅野が登場して、その中止を各局に伝えたこともある。

一時期、「首都圏反原発連合（反原連）」や「しばき隊」などに所属したその経歴を問うものではないが、菅野は２０１７年８月に性的暴行を受けたとして、ある女性から訴えられていた民事訴訟において、東京地方裁判所から慰謝料等１１０万円の支払い命令を受けている（のちに最高裁で賠償命令確定）。

また、同年９月には６万人をゆうに超えるフォロワーを持っていたツイッターのアカウントが永久凍結されたことで話題になった。ツイッター側はその個別理由を公言することはないが、アカウント凍結の理由として、ヘルプセンターに公式に掲げている〈攻撃的なツイートや行動：嫌がらせに関するＴｗｉｔｔｅｒのルールに抵触しているという報告がされた場合にアカウントを凍結することがあります〉に触れたことは間違いないだろう。

計画的に拡散されたゴシップ情報

さまざまな観点から、どう考えても筋の悪い「森友学園問題」は、安倍政権叩きに直結させるために、その後のメディアはこれを拡大し続けていった。払い下げ価格1億3400万円と不動産鑑定士の査定額9億5600万円との差がなんであるのか。そこに不正や犯罪があれば正すべきであるというのが問題の核心であるのに、2017年の報道は2月の時点ですでに次のような方向に拡散していた。

◎2月21日『報道ステーション』（テレビ朝日系）……籠池理事長が森友学園の教育方針を疑問視する保護者に対して「邪《よこしま》な考えを持った在日韓国人や支那《しな》人」「韓国人と中国人は嫌い」などと書いた書簡を送っていたことを批判。

◎2月23日『共同通信』……2016年10月、当時の稲田防衛大臣が籠池理事長に防衛大臣感謝状を贈呈していたと明らかにした。
◎2月28日『朝日新聞』……衆議院予算委員会で民進党の福島伸享《ふくしまのぶゆき》議員が、森友学園運営の幼稚園の運動会で園児に「安倍総理がんばれ。安保法制、国会通過よかったです」と選手宣誓させていたと明かし、教育基本法にある政治的活動の禁止にあたると指摘。
◎2月28日『羽鳥慎一《はとりしんいち》モーニングショー』（テレビ朝日系）……籠池理事長が幼稚園児に「日本民族」と名乗るように要求するVTRを紹介。

建設中の小学校の名誉校長には安倍総理夫人の安倍昭恵が就任する予定だったことや、当初「安倍晋三記念小学校」という名前だったことなど、じつに表面的にすぎることを根拠に、メディアはここぞとばかりに「安倍総理叩き」を主目的とする報道を行い、問題の本質はかけ離れていった。

そして、2017年の中盤以降、「森友学園問題」は籠池理事長を中心とする関係者のきわめて煽情的《せんじょうてき》な行動に混乱させられるような事態となり、いったいなんだったのかほとんどわからない、たんなる「騒ぎ」として終息していくことになる。

しかし、この「騒ぎ」に隠されていたものを、私たちはたしかに知っておく必要がある。北朝鮮の問題だ。

北朝鮮は「Ｊアラート」発令前に発射を予告していた

結論から先にいえば、「森友学園」は「北朝鮮の脅威を隠す」ための策略である。２０１７年の新年の辞で、北朝鮮の金正恩《キムジョンウン》は重要な発表を行っていた。

金正恩委員長、新年の辞で「ＩＣＢＭの試験発射準備、最終段階」

金正恩（キム・ジョンウン）北朝鮮労働党委員長は1日12時30分〔平壌（ピョンヤン）時間12時〕、「新年の辞」で「大陸間弾道ミサイル（ＩＣＢＭ）の試験発射準備事業が最終段階に入った」と明かした。北朝鮮は１９４６年から毎年1月1日に国政運営の青写真となる「新年の辞」を発表しており、金正恩委員長は２０１３年から肉声で行っている。

金正恩委員長はこの日「(昨年) 初の水素弾試験（４次核実験）と多様な攻撃手段の試験発射、核弾頭爆発試験（５次核実験）が成功裏に実施された」とし、「国防力を強化して画期的転換に成功し、東方の核強国・軍事強国として一気にそびえ立った」と強調した。それと同時に、「年次的というベールをかぶせた戦争演習騒動を中止しない限り、核武力が中核の自衛的国防力と先制攻撃能力を強化する」と付け加えた。20日に就任するドナルド・トランプ米次期政府の北朝鮮に対する政策が確定していないなか、条件付きではあるが、国際社会の懸念と制裁にもかかわらず、核とミサイルを利用した軍事的緊張を高めるという意向を明らかにしたものだ。（中央日報日本語版、２０１７年1月2日）

とくにテレビしか見ていない人は、おそらく２０１７年８月29日に東日本の12道県に発令された北朝鮮のミサイル発射実験に対する「Ｊアラート」（全国瞬時警報システム）

を「騒動」として報道するニュース番組を見て、北朝鮮の「ミサイル」を現実のものとして初めて認識したのではないだろうか。

しかし、北朝鮮は1月の時点で明確に「大陸間弾道ミサイル（ＩＣＢＭ）の試験発射準備事業が最終段階に入った」と発表している。２月12日には新型中長距離弾道ミサイル「北極星２型」の発射実験を実施して「成功した」と発表したのだ。

３月６日には北朝鮮西岸から弾道ミサイル４発を日本海に向けて発射し、３発は日本の排他的経済水域に落下したと見られている。４月には５日に北朝鮮東部の咸鏡南道《ハンギョンナムド》の新浦《シンポ》から日本海に向けて弾道ミサイル１発（飛行距離は約60㎞、最高高度は１８９㎞）を発射、16日に新浦付近から弾道ミサイルを発射したものの発射直後に爆発して失敗、29日朝に平安南道《ピョンアンナムド》の北倉《プクチャン》付近から北東方向に弾道ミサイル１発を発射して失敗している（発射されたのは内陸で、北朝鮮の領土を越えることはなかったとされる）。

巧妙に隠蔽される北朝鮮情報

北朝鮮は2017年1月の発表以来、着実にミサイル実験を続け、8月以降の現実を見れば、確実に成果を上げ続けてきていたといっていい。これに対して、産経新聞以外の多くの日本メディアはこれを的確に分析することなく、「北朝鮮に現実の脅威はなく、トランプ大統領と安倍総理が煽っているだけである」という姿勢を崩さず、ミサイル実験は2月と3月に1度ずつ、4月には3度の実験が実施されたにもかかわらず、「森友学園問題」を前面に展開していた。

国会の審議は北朝鮮の問題など取り上げられる隙間もなく「森友学園問題」で占められた。テレビの前で一般視聴者は、そのさまにあきれつつも、「森友学園問題」の次の展開を待ち続けた。フェイク・メディアの狙いは、まさにそこにあるのだ。

そして、北朝鮮に関する同年2月に起きた事件、すなわち金正男《キムジョンナム》の暗殺事件についても、メディアはもっぱら金一族の権力争いにスポットを当ててスキャンダラスに報じることに精を出した。それを如実に語るのは、別に死者に鞭《むち》を打つ必要は何もないが、金正男を賛美する報道が随所に見られたことである。

「正男氏の勇気、称賛」交流深めた東京新聞記者が会見

マレーシアで暗殺されたとみられる北朝鮮の金正男（キムジョンナム）氏を直接取材し、著書を出した五味洋治《ごみようじ》・東京新聞編集委員が17日、東京・有楽町の日本外国特派員協会で記者会見した。「北朝鮮の体制批判をした勇気を称賛したい。今は彼の死を深く悼みたい」と語った。

五味氏は２００４年、北京の空港で偶然見かけた金氏に名刺を渡したところ、メールが送られてきて交流が始まった。マカオや北京で3回会って計7時間インタビューし、１５０通のメールとともに12年、『父・金正日と私　金正男独占告白』の題で出版した。

五味氏によると、金氏は「権力の世襲は社会主義体制と合わず、指導者は民主的な方法で選ばれるべきだ。北朝鮮は中国式の経済改革開放しか生きる道はない」と主張。金氏が取材に応じた理由について「彼なりの決心で、身の危険を感じながら、自分の

意見を平壌に伝えたかったのだろう」と推測する。（中略）
会った印象を「遊び人でギャンブル好きという噂（うわさ）もあったが、私が会った金氏は礼儀正しく知的だった」と話した。（朝日新聞デジタル、2017年2月17日）

そして、もう一つは暗殺方法への好奇心である。

正男氏事件、毒殺専門部署が関与か　97年にいとこ殺害

（略）情報関係筋によれば、今回の事件の中心とみられるのは、偵察総局19課。チェ・スンホ課長は、1997年に正男氏のいとこで韓国に亡命した李韓永（イハニョン）氏がソウル市郊外で射殺された事件で、実行犯の一人だったとされる。当時の所属はテロ工作機関の一つ、朝鮮労働党社会文化部だった。
19課は主に毒物による暗殺工作が専門とされる。正男氏殺害では遅効性の毒劇物が使われたとみられ、事件直後に正男氏が自力で歩く姿の映像が残っていた。即死した場合、空港が封鎖されて逃走が難しくなることを恐れたとみられる。毒劇物の効果の調整、確認には高度な技術が必要で、韓国政府は19課が事件の中心だとみる根拠の一つにしている。（朝日新聞デジタル、2017年2月24日）

こういったスキャンダリズムをテレビがピックアップし、ワイドショーで報じていく。こうして、私たちはこの事件から知らなければならない重大な背景から遠ざけられていくのである。

例えば、ここで例に引いたのは朝日新聞だが、読売新聞や産経新聞もまた、金正男を「金正男氏」と「氏」をつけて呼んでいる。

「矮小化」して危機感を失わせる動き

ＤＨＣテレビ（テレビ放送やインターネット放送でコンテンツを配信している株式会社ＤＨＣテレビジョンの局名）で『和の国の明日を造る』という番組を担当している馬《ま》渕睦夫《ぶちむつお》（元駐ウクライナ大使兼モルドバ大使、元防衛大学校教授）が２０１７年３月から4月にかけて配信された番組のなかで興味深いことを述べている。一字一句の書き起こしではないが、次のような内容だ。

私はいつも「氏」はいらないと言っています。なぜなら、彼は日本にとっては犯罪者だからです。暗殺されたという記事であっても、「金正男容疑者」としなければいけません（引用者注＝金正男は2001年に偽造パスポートで密入国を謀り、国外退去させられている）。

その金正男なる人物は、なぜ北朝鮮の「外交官用旅券」を持っていたのでしょうか。「外交官用旅券」を持っているということは、北朝鮮当局が金正男を保護しているということです。

金正男暗殺事件は、じつに不思議な事件です。メディアはその責任として、外交官用旅券を持っていたことを報じるだけではダメです。外交官用旅券を持っているのはおかしいではないか、ということから始めなければいけません。

また、国際問題アナリストの藤井厳喜《ふじいげんき》は元アメリカ軍兵士の飯柴智亮《いいしばともあき》との対談書『米中激戦！　いまの「自衛隊」で日本を守れるか』（ベストセラーズ）のなかで、次のような推論を行っている。

金正男が殺されたのは、チャイナがカバーをはずしたからだと思います。つまり、「チャイナが金正男を保護するのをやめた」ということです。金正男は、チャイナが北朝鮮の体制に手をだすときの「玉」として保護していた人間です。いざとなれば、「北京の言うことを何でも聞く政権を平壌につくるぞ」というアピールでした。（中略）北朝鮮も着々と政治力を強め、軍事開発もやり、経済的にもかなり強くなってきた。ヨーロッパとも公然と付き合っています。そこで、（中略）北朝鮮の現政権と再度がっちりやる。（中略）そのために、習近平は「こちらはもう正男は切りました」と決断したのでしょう。

こうした、暗殺事件という、しかも一部が映像に残っているという、きわめてテレビ的な事件は、女性暗殺者といったような要素を含み、スキャンダラスな面ばかりが伝えられて、事件の背後にある、私たちに最も知らされるべき日本の脅威の本質には触れられることがなかった。それは後述するが、ほかの軍事や安全保障関係の報道でも、ほとんどがそのような「報道しない」事実が抜け落ちている。

朝日新聞出版の雑誌『ＡＥＲＡ』２０１７年3月20日号に政治学者の姜尚中《カンサンジュン》が、〈金正男暗殺から見えた「正統と異端」の対立〉という文章を寄稿している。そのなかで、姜尚中は、「北朝鮮の政権交代の受け皿として、自分のスペアを中国が用意することを正恩は何よりも恐れています。暗殺にここまで時間がかかったのには中国当局が一時期、正男のまわりを固めていたということもありました」とは述べているが、では、なぜここにきて北朝鮮が金正男を暗殺する機会を得たのかという最も重要と思われる点については触れないのである。

前出の馬渕はまた、新聞が一様に、この暗殺がマレーシアという北朝鮮国外で行われたことに「外国の主権を一顧だにしない陰惨な要人暗殺事件」というニュアンスの表現で報道していることについて、「暗殺事件とは、そもそも外国の主権を一顧だにしないことで、いまさら、これほど感情的な言葉で言う必要はない」とも述べている。ここには記者個々の能力の問題もあるが、感情的な言葉で防波堤を築いて、いわゆる「報道しない自由」を行使する姿勢も見られる。

加計学園問題が飛び出した絶妙なタイミング

安倍総理（当時）は２０１７年5月３日の憲法記念日に、憲法改正に対して、その明確な意思と予定を発表した。

憲法改正「2020年に施行したい」首相がメッセージ

安倍晋三首相は３日、憲法改正を求める集会にビデオメッセージを寄せ、「２０２０年を新しい憲法が施行される年にしたい」と表明した。首相は改正項目として９条を挙げて「１項、２項を残しつつ、自衛隊を明文で書き込むという考え方は国民的な議論に値する」との考えを示した。

18年秋の自民党総裁選での3選を前提に、自らの悲願である憲法改正の実現に意欲を示した。野党の反発は必至だ。

首相がメッセージを寄せたのは、日本会議が主導する美しい日本の憲法をつくる国民の会などの改憲集会。（朝日新聞デジタル、2017年5月3日）

いわゆる「加計《かけ》学園問題」の顕在化は『週刊新潮』2017年3月16日号の記事による。この記事を受けて、同年3月17日の衆議院外務委員会で、当時民進党の福島伸享議員が「昭恵さんから文科省にはいろいろな御相談を持ちかけられています、担当に電話がかかってくるのです、愛媛県今治《いまばり》市で大学建設を進める加計学園のことで昭恵さんから省内に御相談いただいたことがあるのは確かですという記事があるんです」と触れている。

つまり、加計学園問題は森友学園問題とこの時点で同じ構造で報道され始めるわけだが、「加計学園問題」が怒濤《どとう》のようにメディアにあふれ返ってくるのは同年5月17日の朝日新聞の報道を契機とする。

THE YOMIURI SHIMBUN

讀賣新聞

2017年(平成29年)
5月3日水曜日
憲法記念日

発行所 読売新聞東京本社 〒100-8055 東京都千代田区大手町1-7-1 電話(03)3242-1111(代) www.yomiuri.co.jp

憲法改正 20年施行目標

9条に自衛隊明記

教育無償化 前向き

首相インタビュー

安倍首相（自民党総裁）は、3日で施行70周年を迎える憲法をテーマに読売新聞のインタビューに応じ、党総裁として憲法改正を実現し、2020年の施行を目指す方針を表明した。改正項目については、戦争放棄などを定めた現行の9条1項、2項を維持した上で、憲法に規定がない自衛隊に関する条文を追加することを最優先させる意向を示した。自民党で具体的な改正案の検討を急ぐ考えも明らかにした。

インタビューは4月26日、首相官邸で約40分間行った。首相は自民党が憲法改正を党是としてきたことに触れ、「東京五輪・パラリンピックが開催される2020年を日本が新しく生まれ変わる大きなきっかけにすべきだ。20年を『新しい憲法』が施行される年にしたい」と述べた。

具体的な改正項目を巡っては、9条に自衛隊の根拠規定を設けることを挙げた。首相は「自衛隊が全力で任務を果たす姿に対し国

憲法施行70年
Q＋「外国の事例」 2
国民投票いつ？ 3
首相の発言全文 4
改正の論点 22 23
識者に聞く 24
連載最終回 30

「戦後」脱却へ 強い決意

政治部長 前木理一郎

「いつ、どの項目を改正するのか」。安倍首相は、国民が最も知りたかった疑問に真正面から答えた。

「東京五輪が開催される2020年を新しい憲法が施行される年とし、その柱は憲法9条に自衛隊を明確に位置づけることだ」

憲法改正に向けた具体的な道筋を初めて示した。

首相の自民党総裁としての任期は2018年9月まで。首相の発言は、この9月の総裁選に勝ち抜き、2021年9月までの3期目の任期を手に入れることを前提としている。総裁選で3選を果たせば、歴代首相で最長の在職日数となることが可能となる。

首相は歴代最長政権の目的に、憲法改正、しかも、本丸である9条改正を掲げた。第1次内閣で「戦後レジームからの脱却」を唱えた首相は、第2次内閣以降、戦後70年談話、真珠湾訪問など「戦後」からの脱却を加速させている。戦後長きにわたって国論を二分してきた9条問題に決着をつけることは、自民党結党以来の最大の悲願だった。

首相は昨年来、……けた発言を控えめ……自らが前面に出ることで野党の反発を……念したためで、……とやゆされた。

しかし、インタ……「自衛隊を合憲化……の世代の使命だ。……る」と言い切った……は、もはや猶予は……決断した。

読売新聞の単独インタビューに答える安倍首相（4月26日、首相官邸で）＝青山謙太郎撮影

読売新聞のインタビューで2020年の憲法改正施行を表明した安倍総理は、のちに国会でこの記事を「熟読して」と答弁した（2017年5月3日付読売新聞）

新学部「総理の意向」 加計学園計画 文科省に記録文書

安倍晋三首相の知人が理事長を務める学校法人「加計学園」(岡山市)が国家戦略特区に獣医学部を新設する計画について、文部科学省が、特区を担当する内閣府から「官邸の最高レベルが言っている」「総理のご意向だと聞いている」などと言われたとする記録を文書にしていたことがわかった。(中略)

朝日新聞が入手した一連の文書には、「10/4」といった具体的な日付や、文科省や首相官邸の幹部の実名、「加計学園」という具体名が記されたものもある。加計学園による獣医学部計画の経緯を知る文科省関係者は取材に対し、いずれも昨年9～10月に文科省が作ったことを認めた。また、文書の内容は同省の一部の幹部らで共有されているという。(朝日新聞、2017年5月17日付)

毎日新聞もまた、同日の朝刊で報じている。同日午前の記者会見で菅義偉官房長官(当時)は「承知していない。作成日時も作成部局も明確になっていない。通常、役所の文書にそういう文書はない。誰が書いたものか分からない。そんな意味不明のものに

1　14版　2017年(平成29年)5月17日(水)　朝日新聞

新学部「総理の意向」

文科省に記録文書

内閣府、早期対応求める

加計学園計画

安倍晋三首相の知人が理事長を務める学校法人「加計学園」（岡山市）が国家戦略特区に獣医学部を新設する計画について、文部科学省が、特区を担当する内閣府から「官邸の最高レベルが言っている」「総理のご意向だと聞いている」などと言われたとする記録を文書にしていたことがわかった。

野党は「首相の友人が利益を受けている」などと国会で追及しているが、首相は「加計学園から私に相談があったことや圧力がはたらいたということは一切ない」などと答弁し、関与を強く否定している。

朝日新聞が入手した一連の文書には、「10／4」といった具体的な日付や、文科省や首相官邸の幹部の実名、「加計学園」という具体名が記されたものもある。加計学園による獣医学部計画の経緯を知る文科省関係者は取材に対し、いずれも昨年9～10月に文科省が作ったことを認めた。また、文書の内容は同省の一部の幹部らで共有されているという。

文書のうち、「獣医学部新設に係る内閣府からの伝達事項」という題名の文書には、「平成30年（2018年）4月開学を大前提に、逆算して最短のスケジュールを作成し、共有いただきたい」と記載。そのうえで「これは官邸の最高レベルが言っていること」と書かれている。

また、別の「大臣ご指示事項」との文書には、「内閣府に感触を確認してほしい」とあり、加計学園が求めている獣医学部の18年4月の開学について、松野博一文科相が「大学として教員確保や施設設備等の設置認可に必要な準備が整わないのではないか。平成31年（2019年）4月開学を目指した対応とすべきではないか」とし、18年の開学は難しいとする考えを示したことが記載されている。

一方、「大臣ご確認事項に対する内閣府の回答」という題名の文書には、「（愛媛県）今治市の区域指定時より『最短距離で規制改革』を前提としたプロセスを踏んでいる状況であり、これは総理のご意向だと聞いている」と記されている。

一連の文書が作られた後の昨年11月、政府は「国家戦略特別区域諮問会議」で52年ぶりに獣医学部の新設を認める方針を決定。これを受け、内閣府と文科省は今年1月、18年4月に開設する1校に限り、特例で獣医学部設置を認めるとの共同告示を出した。国の事業者公募に対し、加計学園のみが申請したことから事業者として認められ、現在、文科省の大学設置・学校法人審議会で設置審査が進められている。

「大臣ご確認事項に対する内閣府の回答」と題された文書

「共謀罪」採決ずれ込み

衆院本会議　週明けの公算大

「共謀罪」の趣旨を盛り込んだ組織的犯罪処罰法改正案を審議する衆院法務委員会は16日、17日に安倍晋三首相が出席して審議を行うことを鈴木淳司委員長（自民）の職権で決めた。同日に委員会可決し、18日の衆院通過を目指す自民、公明両党に対抗し、民進党は金田勝年法相の不信任決議案を提出する構えだ。法案の衆院通過は週明けにずれ込む公算が大きく、会期内成立をめぐる与野党の攻防が激しくなっている。▼4面＝参考人質疑、38面＝「問う」

与党は16日の法務委理事会で、首相が出席する1時間を含め、4時間の審議を17日に実施することを野党側に提案。参考人質疑を除く審議時間がこの4時間で与党が衆院採決の目安とする30時間に達するなか、審議継続を求める野党側が17日に採決をしない確約を求めたが、与党側が応じなかった。民進はこうした与党の対応に反発。答弁の混乱が続く金田氏の不信任案を、委員会採決の前に出す方針を決めた。審議は、不信任案が衆院本会議で採決されるまで止まる。

来月18日の会期末までの法案成立を目指す与党は、参院での審議時間の確保や今月26日にイタリアで始まる主要国首脳会議に出席する首相の日程を踏まえ、委員会採決前に不信任案が出た場合、法案は19日に委員会可決し、23日に衆院通過させ、24日に参院で審議入りさせる考えだ。24日の参院審議入りが遅れれば、会期延長の可能性が高まる。

眞子さま婚約へ

大学同級生　小室さんと

眞子さま＝2016年9月

小室圭さん＝2010年7月

宮内庁は16日、秋篠宮家の長女眞子さま(25)が、婚約に向けて準備を進めていると明らかにした。天皇陛下の4人の孫で初めての婚約となる。お相手は、国際基督教大学時代の同級生で、横浜市在住の小室圭さん(25)。法律事務所に勤務する傍ら、一橋大学大学院国際企業戦略研究科（経営法務専攻）に在籍しているという。▼3面＝女性宮家議論に影響も、39面＝お相手は「海の王子」

宮内庁の山本信一郎長官は16日夜、眞子さまの婚約について「しかるべき時期に発表するべく計画を進めていた。正式な婚約時期は未定」と説明した。秋篠宮ご夫妻は、眞子さまから報告を受け、交際を了承していた。

関係者によると、眞子さまと小室さんは5年ほど前、東京・渋谷の飲食店で開かれた留学に関する意見交換会で知り合った。その後、横浜市や神奈川県葉山町、埼玉県長瀞町などでデートを重ね、交際を深めてきた。天皇、皇后両陛下も婚約に向けて準備していることについて承知しているという。

これまでの皇族の結婚の前例にならうと、婚約内定が発表された後、結納にあたる「納采の儀」があり、婚約が正式に成立する。

結婚式の約1カ月前には、挙式の期日を正式に伝える「告期の儀」、結婚前の宮中三殿への拝礼、両陛下に謝意の辞を伝える「朝見の儀」、夫となる人の使者が迎えに行く「入第の儀」を経て、結婚式に臨むことになる。

皇室典範の規定で、皇室を離脱して皇族籍から除籍され、一般国民として戸籍に名前が記される。その際は皇室経済法にもとづき「皇族であった者の品位保持」のため、国から一時金が贈られる。高円宮家次女の千家典子さんが出雲大社の千家国麿さんと14年に結婚した際は1億675万円、05年に黒田清子さん（紀宮さま）が黒田慶樹さんと結婚した際には1億5250万円が贈られている。

折々のことば　鷲田清一　756

沈黙は苦手である。まばたきの回数が増え、口の中が渇く、そのうち背中ががしがしとこわばり、後頭部が重くなる。

最相葉月

そしてもうダメだと思った瞬間、「あのう」と声を出している。取材時である。こう切り出したとき、相手のそれまでの沈黙に込められていたすべてをばらばらに断ち切ってしまうのだと、ノンフィクション作家は苦く振り返る。以後、「言葉によって意味を固定しないことのもつ意味」を反芻しつつ取材を続ける。『セラピスト』から。

2017・5・17

加計学園問題を「スクープ」した記事（2017年5月17日付朝日新聞）

ついていちいち政府が答えることではない」と述べた。

これを受けて、これは第2の「永田メール事件」になるのではないかと推測された。この事件は、2006年の通常国会で当時民主党の永田寿康《ひさやす》衆議院議員が提出したライブドア事件および堀江貴文にまつわる証拠とされた電子メールが捏造であったことから、民主党執行部は総退陣に追い込まれ、永田議員は議員辞職後に自殺したものである。

加計学園問題はその後、まさにそのような様相を呈していくが、問題は、なぜ朝日新聞と毎日新聞が報じたのが問題の初出から2カ月もたったあとであったかということだ。これは明らかに同年5月3日の安倍総理による憲法改正のスケジュール発表が理由である。

「安倍封じ」への焦りが生んだ周到な計画

森友学園問題が北朝鮮の脅威を隠すことを目的としたのに対して、加計学園問題は安倍総理をストレートに攻め、憲法改正のスケジュールをなし崩しにすべく仕掛けた一大キャンペーンである。北朝鮮の脅威を隠すことについては、森友学園問題が手当たり次第にスキャンダラスに拡散して、テレビのワイドショーがそれで埋め尽くされてしまえば、それでよかったかもしれない。しかし、安倍総理の各論にまで踏み込むような憲法改正スケジュールの表明に対して打撃を与えるために周到な計画を立てた様子が見える。

民進党が国会に持ち出し、また朝日新聞も同時に入手していて紙面に写真掲載された「役所の文書」は、菅官房長官が記者会見で答えたとおり、「意味不明」の怪文書だった。周到な計画は、その意味不明さを理由とするともいえるだろう。証拠とはならないことをちゃんと知っていながら、表明された安倍総理の確固とした憲法改正の意思に打撃を与えなければならなくなった、かえってその焦りからきたものかもしれない。

Ａ４の役所文書８枚を表に出した前川喜平《まえかわきへい》前文部科学事務次官（当時）は報道の６日後、５月23日に朝日新聞のインタビューを受ける。そこに「総理のご意向」「官邸の最高レベル」という言葉があらためて強調され、前川は「誰だって気にする。（文科省側が）圧力を感じなかったといえば、うそになる」と言い、「踏むべきステップを踏めず、筋を通せなかった。『こんなことは認められない』と私が内閣府に対して強く主張して筋を通すべきだった。反省している」と述べている。

また、ここで同時に、前川は事務次官だった2017年1月に文科省の違法な「天下り」問題にみずから関与していたとして減給処分を受け、引責辞任していたこともあらためて報道される。

ヒーローとして演出された前川喜平・元文部科学事務次官

前川は、ある元官僚の人に言わせれば、「問題が決着したあとに遠吠《とおぼ》えをする、官僚道に反する人間」である。引責辞任させられた恨みからメディアと野党に乗せられてことを大げさにしたはいいものの、引っ込みがつかなくなったとも推測された。

また、福島市の福島県文化センターで8月2日に開催された講演会「前川さん大いにかたる」で、前川は2015年9月、安保法制に反対した学生団体「SEALDs《シールズ》」などが国会前で行った集会に参加していたことを明かした。前川は同講演で「集団的自衛権を認めるという解釈は成り立たない。立憲主義に反する」とも主張している。

日（木）　朝日新聞　1892年3月11日第3

前文科次官「文書示された」

加計学園「総理の意向」巡り証言

安倍晋三首相の友人が理事長を務める学校法人「加計《かけ》学園」が国家戦略特区に獣医学部を新設する計画について、今年1月まで文部科学事務次官だった前川喜平氏(62)が23日、東京都内で朝日新聞の取材に応じた。内閣府から文科省に「総理のご意向」などと伝えられたと記された文書について、前川氏は自らが担当課から説明を受けた際に示されたと証言。獣医学部の新設については、加計学園を前提に検討が進んだとして、「行政がゆがめられた」と語った。

▼2面＝「いちからわかる」、3面＝招致要求へ、35面＝一問一答

取材に答える前川喜平・前文部科学事務次官＝23日、東京都内

加計学園の獣医学部新設計画

地域限定で規制緩和を認める「国家戦略特区」の事業として、学校法人「加計学園」が運営する岡山理科大の獣医学部を愛媛県今治市につくることが今年１月に認められた。予定通り来年４月に開学すれば、52年ぶりの獣医学部の新設になる。今治市は16.8㌶の土地を無償譲渡したほか、愛媛県と今治市で96億円を補助する予定。獣医師養成向けの入学定員は160人で現在、文部科学省が設置を認可するか審査中。学園理事長の加計孝太郎氏が安倍晋三首相の長年の友人で、異例のスピードで特区での新設が認められたことなどから、野党が「特別な便宜が図られたのではないか」と追及している。

獣医学部の新設計画
「行政ゆがめられた」

前川氏が証言した文書は民進党が国会で示し、文科省に調査を求めたA４判の8枚。この中には、文科省が最短のスケジュールで獣医学部新設を実現するよう、内閣府から「官邸の最高レベルが言っている」「総理のご意向だと聞いている」などと言われたと記された部分がある。朝日新聞も同じ文書を入手している。

前川氏はこの文書について「獣医学部の新設について、自分が昨年秋に、担当の専門教育課から説明を受けた際、示された」と証言した。同氏によると、昨年9月9日～10月31日に計6回、専門教育課の課長や課長補佐らと事務次官室で獣医学部の新設について打ち合わせをした。9月28日の打ち合わせでは、「『獣医学部新設に係る内閣府からの伝達事項』との文書を示されたと記憶している」という。

また「総理のご意向」「官邸の最高レベル」などの文言について「誰だって気にする。（文科省側が）圧力を感じなかったといえば、うそになる」と述べた。

獣医学部の新設予定地の愛媛県今治市や同県は加計学園とともに、小泉政権が始めた「構造改革特区」での獣医学部新設を15回提案したが、文科省がすべて却下。安倍政権が設けた国家戦略特区で、２０１５年に県と市が獣医学部新設を提案した。

獣医学部新設を認める際は、獣医師の需要見通しなどを検討することが前提となる。しかし今回は、需給をつかさどる農林水産省や公衆衛生を担当する厚生労働省から、獣医師が足りないとの需給見通しや、新分野での必要な人材ニーズなどが示されない中で、内閣府から新設を認めるよう求められていたとして、「内閣府の言い分は『トップダウンで決めるから文科省は心配するな』ということだと受け止めた」と振り返った。

さらに「踏むべきステップを踏めず、筋を通せなかった。『こんなことは認められない』と私が内閣府に対して強く主張して筋を通すべきだった。反省している」と語った。

一方、8枚の文書について、菅義偉官房長官は17日の記者会見で「怪文書みたいな文書じゃないか」と述べ、松野博一文科相も19日、「該当する文書の存在は確認できなかった」とする調査結果を発表した。前川氏は「あるものが、ないことにされてはならないと思った」と語った。

朝日新聞は24日、文科省に対し、文書について①専門教育課が当時の事務次官への説明で示したのか②同課で作成したのか――などについて書面で質問したが、同省は「行政内部のことで、回答すべきものではないので、お答えできません」と書面で答えた。

前川氏は事務次官だった今年1月、文科省の違法な「天下り」問題に自ら関与していたとして減給処分を受け、引責辞任した。

加計学園をめぐる文書の経緯

5月17日　朝日新聞が加計学園の獣医学部新設をめぐり、文部科学省が内閣府から「総理のご意向」と伝えられた、などと記録した文書の存在を報道

民進党が同様の文書を国会で示し、
松野博一・文科相　答弁で　確認する

菅義偉・官房長官　記者会見で　怪文書みたいな文書

19日　松野氏　記者会見で　該当する文書の存在は確認できなかった

23日　前川喜平・前文科事務次官　朝日新聞へ証言　担当課から説明を受けた際に示された

与謝野馨氏死去
78歳　元官房長官・財務相

政界屈指の財政再建論者として知られ、官房長官や財務相などを歴任した元自民党衆院議員の与謝野馨（よさの・かおる）さんが死去した。78歳だった。

▼4面＝評伝

１９３８年、東京都生まれ。歌人の与謝野鉄幹・晶子は祖父母。63年に東大法学部卒業後、日本原子力発電に入社。中曽根康弘元首相の秘書を経て、76年に衆院旧東京1区で初当選。当選10回。通商産業相、官、麻生政権で財務相を務めた。

自民党が野党転落後の２０１0年に離党。「たちあがれ日本」の結成を経て、11年には民主党の菅政権で経済財政相に就任。消費増税と社会保障の一体改革のとりまとめに動いた。退任後は下咽頭《いんとう》がんを患った影響で声が出にくくなり、療養に専念するために12年に引退。自民党に復党を申請し、17年4月30日付で認められた。

「総理の意向」が強調された前川喜平・前文部科学事務次官のインタビュー
（2017年5月25日付朝日新聞）

したがって、前川は「乗せられた」のではなく、積極的に朝日新聞と野党のイデオロギーに乗ったとも考えられる。計画参謀は前川だったし、いまでもまだそうである可能性はある。

しかも、平然と政治活動を行うのは公務員法違反であり、第三者から退職金返納の刑事告発が行われてもおかしくない。

前川はテレビのワイドショーなどでは、もっぱら正義の人として、不正と闘う「反安倍」のヒーローとしてイメージが形成されていった。

その正義のあり方は漫画家の小林よしのりが自身のブログで述べた〈加計学園疑惑をめぐる「総理のご意向」文書をリークした文科省前事務次官・前川喜平氏の態度は立派である。すでに退任したとはいえ、あくまでも「公」の僕（しもべ）として行ったことだ〉という文脈に代表されるだろう。

また、一連の報道に、前川は新宿歌舞伎町《かぶきちょう》にある出会い系バーの常連だったというスキャンダラスな報道が混じった。前川はこれを「女性の貧困について実地の視察調査」だと釈明した。

買春疑惑も想像され、一時は批判がここに集中したが、これさえもメディアは逆手に取った。前川は真剣に、誠実に「女性の貧困について実地の視察調査」を、この言葉どおりの意味で行っていたというのである。これもまた、不思議なことに、小林が自身のブログで述べた〈前川氏は、本気で貧困対策に向き合っていた「公的」な人物で、まさに「公務員」の鑑《かがみ》のような「公明正大」な人だったのだ〉という無理な「解釈」に代表されるだろう。

加計学園の認可は「ゆがめられた行政」を正すものだった

そして、「前川氏が語ることこそ真実であり、公を第一とする正義の人であり、権力を私物化する安倍総理とは対極にある人である」として安倍総理に打撃を与えたいメディア側の欲望が如実に表れたのが、２０１７年７月24日から始まった衆議院予算委員会の閉会中審査に関する報道である。

この国会審議では前川をはじめ、和泉洋人《いずみひろと》総理補佐官、前愛媛県知事の加戸守行《かともりゆき》など加計学園問題のキーマンとされる人々が参考人招致され、それぞれが陳述した。なかでも注目を集めるべきは加戸の陳述だった。

「（安倍総理の意向によって）行政がゆがめられた」と前川が主張するのに対して、加戸は「（安倍総理が）岩盤規制に国家戦略特区が穴を開け、『ゆがめられた行政が正された』というのが正しい」と反論した。また、メディアについても、「都合のいいことはカットされて、私の申し上げたいことを取り上げていただいたメディアは極めて少なかったことは残念」と述べたのである。

加戸が参考人として陳述したことは、基本的に加計学園が「問題」とされてきたことを覆《くつがえ》すに足る内容だった。5月から7月にかけてメディアが展開してきた「加計学園問題キャンペーン」、つまり「安倍叩きキャンペーン」が水泡に帰す破壊力を持っていた。

その結果、各メディア、とくにテレビは加戸の陳述の報道露出をありえないほどに少なくした。「報道しない自由」を行使したのである。

放送時間は「前川10」に対して「加戸0・4」

２０１５年11月に設立された「放送法遵守を求める視聴者の会」（現放送法遵守を求める新・視聴者の会）という任意団体がある。とくにテレビメディアに対して放送法第4条の遵守を呼びかける団体である。２０１７年当時は代表理事を作家の百田尚樹《ひゃくたなおき》、理事をジャーナリストの福島香織《ふくしまかおり》、カリフォルニア州弁護士でタレント、著作家のケント・ギルバート（現代表理事）、経済学者の田中秀臣《たなかひでとみ》、理事および事務局長を経済評論家の上念司《じょうねんつかさ》が務めていた。そうそうたるメンバーといわなければならないだろう。

ちなみに、放送法第４条は次のとおりである。

一　公安及び善良な風俗を害しないこと。
二　政治的に公平であること。
三　報道は事実をまげないですること。
四　意見が対立している問題については、できるだけ多くの角度から論点を明らかにすること。

これを守らないテレビ局は総務省の認可が取り消される可能性がある。その可能性のないテレビ局を探すほうが現在は難しいかもしれない。

この「放送法遵守を求める視聴者の会」が衆議院予算委員会の閉会中審査におけるテレビ報道における各参考人の陳述の放送時間（一般社団法人日本平和学研究所調べ）を同団体の公式ウェブサイトに掲載していた。わけても前川の陳述の放送時間と加戸の陳述の放送時間が注目される。

加計学園問題についての報道総時間8時間44分59秒に対して、算出結果は次のとおりである。

◎前川喜平の発言を放送した総時間……2時間33分46秒
◎加戸守行の発言を放送した総時間……6分1秒

じつに、その割合は前川10に対して加戸0・4である。とくにテレビ東京とTBSはほとんど取り上げていない。加戸などはいないものとされ、テレビの前の視聴者は前川の陳述だけを聞かされて、前川の言う、いわゆる「安倍総理によってゆがめられた行政」が加計学園問題の本質なのだと思い込まされたのである。

一時的に勝利したフェイク・メディア

ＮＨＫ世論調査の内閣支持率調査を振り返ってみよう。森友学園問題が始まった２０１７年２月に60％近くあった支持率（支持しないは25％程度）は徐々に下がり始め、加計学園問題が本格化した６月から７月にかけて急落し、支持率は35％まで落ちた（支持しないは48％に上昇）。

じつに、ここまではメディア側の思惑どおりにことが進んでいた。したがって、フェイク・メディアによるフェイク・ニュースは無視するわけにはいかないのだ。

フェイク・ニュースは国民の投票によって政権が変わりもすれば維持されもする民主主義体制下でこそ、とくに反体制派の武器となる。そこで、メディアは民主主義社会のもとでの開かれたメディアを装いながら、つまり客観的な、公正な報道をしていると偽装しながら、新聞であれば「見出し」の意図的なイメージ操作などの卑しい方法もとる。

例えば、こんなケースがある。２０１６年9月7日の朝日新聞朝刊に憲法改正についての世論調査が掲載された。

東大の研究室との合同調査であり、その内容においては改正賛成が42%、反対が25%と2倍近くの大差がついていた。そのうえ、賛成派の57%が「自衛隊または国防軍の保持を明記」を求め、49%が「集団的自衛権の保持を明記」を求めていた。

これはつまり、多数派である改正賛成派の多数が第9条の改正を第一に求めているということになる。これは、どう見ても戦後の社会潮流の大変化であり、国民に第一に知らせるべきものだろう。

しかし、そのときの朝日新聞の一面の見出しは、〈憲法重視層は民進　経済分野　自民強み〉という一見わけのわからないものだった。記事を読んでも内容は伝わってこない。このように、見せたくない報道は見出しでごまかして見えにくくするという方法さえ、朝日新聞に代表されるフェイク・メディアは、平然と、恥も外聞もなく使うのである。

つまり、平気で嘘をつくのである。

フェイク・ニュースの目的は憲法改正阻止にある

内閣支持率は森友学園問題と加計学園問題のフェイク・ニュースが効き、２０１７年7月に急落した。それでも35％あり、永田町の定説によれば「黄色信号」レベルである。フェイク・ニュースの効き目もたいしたことはないという評価もできるだろう。

同時に、急落した支持率が35％にとどまったのは日本国民のリアリティーと性根《しょうね》の正しさからだということもできる。北朝鮮のミサイル問題をメディアが無視できなくなったことも背景にあるだろう、支持率は回復を始め、9月には44％まで戻っているのだ（支持しないは36％に下降）。

同年10月のＮＨＫの支持率調査では、内閣支持率は再び下降して37％（支持しないは43％）となった。これは安倍総理が衆議院解散を表明した直後の調査だからである。

こういった方程式現象も時に利用するフェイク・ニュースにも注意が必要である。基

朝日新聞　2016年（平成28年）9月7日　水曜日　12版　36

改憲 有権者の関心は9条

朝日 東大 共同調査

賛成派の改正すべき項目　中立・反対派の守るべき項目

消費増税 当選者の見解と差

民進・共産 互いの好感度低調

解説　改憲の理想と現実 首相の選択は

谷口将紀・東大教授（現代日本政治論）

世論調査の数字も見出しによってはフェイク・ニュースになりうる
（2016年9月7日付朝日新聞）

本的にフェイク・ニュースは読者や視聴者、つまり国民をバカにする発想から生まれているのである。

　現在にいたる日本における「安倍叩き」のフェイク・メディアとは何か、なぜフェイク・メディアがあるのか、なぜフェイク・ニュースが流されるのか。それについては、ここまで述べてきたとおり、その答えは明瞭である。すべては憲法改正阻止のためのメディアの偽装装置なのである。

第３章　メディア・コントロールとは何か

いまだに絶大な信頼を集めるマスメディア

いま、多くの人が、いわゆるマスコミ、つまりメディアはおかしいと思い始めている。ただし、その大方は「テレビに出ているあの人の言うことはおかしい」といった程度だ。日本のメディアそのものが、前章でも触れたフェイクの構造を持っているのだから、「あの人」も何もない。

しかし、『NHK亡国論』（ベストセラーズ）をはじめ、私もたびたび触れてきたことだが、日本人の性向として、メディアは本来、嘘はつかない「偉い」ものだと、根拠なく信じ込んでいるところがある。

拙著『マスコミ堕落論』（青林堂）でも紹介したが、世界数十カ国の大学や研究機関の研究グループ参加のもとで、共通の調査票で各国国民の意識を調査する「世界価値観調査」のなかに、「世界各国における組織・制度への信頼度」というものがある。2017年のまとめだが、大いに参考になるだろう。

まず、各国の信頼度上位の組織・制度は次のとおりだ。

◎信頼度70～80％台の組織・制度
日本……自衛隊、裁判所、警察
アメリカ……軍隊
イギリス……軍隊、警察
ドイツ……警察
フランス……警察、軍隊

◎信頼度50～60％台の組織・制度
日本……新聞・雑誌、テレビ
アメリカ……警察、慈善団体、宗教団体、裁判所、環境保護団体
イギリス……環境保護団体、裁判所、行政
ドイツ……裁判所、慈善団体、環境保護団体、行政
フランス……環境保護団体、裁判所、行政、国連

日本人が60％以上の信頼を置く新聞や雑誌においては、アメリカは20％台、イギリスは最下位の10％台、ドイツは30％台、フランスは30％台。日本人が60％台の信頼を置くテレビについては、アメリカは20％台、ドイツは30％台。つまり、新聞、雑誌、テレビの信頼度がアメリカ、イギリス、フランス、ドイツでは軒並み30％台止まりなのに対し、日本人はそれに60％台とかなり信頼を置いている。

これはあくまで２０１７年段階での調査だから、インターネット、とくにＳＮＳ（ソーシャル・ネットワーキング・サービス）の普及でさらに落ちている可能性もある。

２０１７年当時の内閣支持率の急落現象は明らかに「森友・加計学園問題」報道の影響下にある。内閣支持率はその後、急速に復調したが、これはいまだにフェイク・メディアが「フェイク」たるパワーを持ち続けていることの証明だ。

なぜ、「ワイドショー」のフェイク・ニュースが効果的なのか

「専業主婦」という言葉をマイナスイメージで取られると困るので、最初に断っておき

たいが、「専業主婦」というのは、たしかに日本独特の言葉である。しかし、後述するように、たしかな社会的位置と役割を確立している層をそう呼ぶ。

いわゆる「専業主婦」が登場するのは戦後の1960年代である。専業主婦という言葉はそれ以前にも行政文書などにも現れるが、それ以前のいわゆる「主婦」とはプロフィールが異なる。

1960年、自民党の池田勇人《いけだはやと》内閣は「所得倍増計画」を策定して実施に移った。その後の10年で達成した数字は驚くことに倍増を超えた。

池田内閣は各種多様な政策を実施しているが、この件に主に関係するのは「全国総合開発計画」に基づく基幹インフラ整備による、東京から九州北部にいたる太平洋沿岸地域拠点開発、「貿易為替自由化大綱」閣議決定に基づく日本経済の自由化と開放化、「教育投資論」の考え方に基づく大学に対する「経済成長に寄与・貢献する人材の養成」義務の明確化である。

太平洋沿岸地域拠点開発によって「都市部」が形成された。日本の人口は農村から太平洋側に向かって流出する。

日本経済の自由化と開放化によって「商社」が規模を拡大し、都市部において雇用を高めた。現在は様相を変えているが、「十大総合商社体制」（三菱商事、三井物産、伊藤忠商事、住友商事、丸紅飯田＝現丸紅、日商岩井＝現双日《そうじつ》、東洋綿花＝トーメンを経て現豊田通商、日綿《にちめん》実業＝ニチメンを経て現双日、兼松江商《かねまつごうしょう》＝現兼松、安宅《あたか》産業＝破綻）は、この頃に確立されたものである。

「所得倍増計画」で都市部に雇用が集中して都市周辺のベッドタウン化が始まる。この時代に「サラリーマンの夫と主婦で構成される核家族」が大量に増加し、一般的な日本人の生活スタイルとして定着した。この「主婦」が新しく登場した、いわゆる「専業主婦」である。

１９５５年の国勢調査で５１７万人だった都市型の「専業主婦」は、１９７０年には９０３万人と2倍近くに増加している。

１９７０年の時点で既婚女性の就業率は49・6％、１９８０年は48・9％で、この間、数字は１９７０年を超えることはない。

アメリカの女性経済学者クラウディア・ゴールディンの調査によると、アメリカでは

1980年の白人既婚女性の就業率は25〜34歳56・0%、35〜44歳59・1%、平均57%強で、日本より高い。

漠然としたイメージから、女性就業率が常にアメリカのほうが高いのは当然だと思われるかもしれないが、じつは1950年時点では日本のほうが圧倒的に高かった。同調査でアメリカが25〜34歳21・0%、35〜44歳25・3%、平均23%強なのに対して、日本は40%をはるかに超え、50%に近いのである。

ちなみに、これは女性全体の就業率だが、1970年代以降、しばらくアメリカより低かった日本の女性就業率は現在、再び逆転している。フランスのパリに本部を置くOECD（Organisation for Economic Co-operation and Development＝経済協力開発機構）の調査によると、逆転したのは2013年で、2015年時点で日本65%、アメリカ63%。「アメリカに比べて日本の女性は云々《うんぬん》」というのは嘘（フェイク）である。

また、「所得倍増計画」の大学に対する「経済成長に寄与・貢献する人材の養成」義務の明確化は、大学の就職予備校化を促した。就職に有利な大学という発想はこのときに生まれ、子どもたちをそのように導く、いわゆる「教育ママ」の誕生は、それを重要な役割とする専業主婦の社会的位置を強化したのである。

そして、この1960年代に激増した「専業主婦」層を狙ったのがNHK連続テレビ小説、いわゆる「朝ドラ」と、「ワイドショー」だった。

世論は「朝ドラ」と「ワイドショー」でつくられる

NHK連続テレビ小説、いわゆる「朝ドラ」が専業主婦層を狙ったのは、現在も伝統として引き継がれている制作ルールに明らかである。朝ドラには必ずナレーションがつくことになっている。

朝ドラがなぜ連続テレビ「小説」なのかというと、「ラジオ小説」をテレビ化したものだからだ。そして、ラジオ小説は「新聞小説」から来ている。そのコンセプトは短いものを連続して提供するということである。

1961年の朝ドラ第1回作品『娘と私』は作家・獅子文六《ししぶんろく》の自伝的小説をドラマ化したものである。作品は一部しか現存していないが（当時VTRメディアは高価であり、上書き使用されたため）、ナレーションスタイルはすでにこの第１回から確立されていたものであることがわかる。

これはＮＨＫアーカイブスのウェブサイトに記されているとおり、〈朝の忙しい時間帯だが、ナレーションを聞いていればドラマの内容が分かるように工夫〉したものである。「朝の忙しい時間帯」とは専業主婦が朝食をすませた夫を送り出したあとの時間帯を指す。洗い物、洗濯、掃除をしながらでも〈ドラマの内容が分かるように工夫〉したのが朝ドラのナレーションだった。これが、いまも必ず守られている朝ドラの不文律である。

朝ドラは第５回作品『たまゆら』まで獅子文六、壺井栄《つぼいさかえ》、武者小路実篤《むしゃのこうじさねあつ》、林芙美子《はやしふみこ》、川端康成《かわばたやすなり》といった有名作家の作品を原作とした「文芸作品」を主流とした。それが第６回作品で大きく変わる。

１９６６年の『おはなはん』である。その最高視聴率56・４％は１９８３年『おしん』の62・９％まで破られなかった。帝国陸軍軍人の夫を亡くして以降、女手一つで人生を生き延びるおはなはんの生涯を描いたこの作品で、朝ドラの路線は「女一代記」と確定して現在にいたる。

文部科学省の発表によれば、テレビの世帯普及率は1963年の時点で88・7％である。存在する専業主婦のうち、ほぼ視聴率どおりの割合の人数が毎日、朝ドラを見るという状況がこのときに生まれた。

そして、後述するが、このとき以降、日本人の、とくに専業主婦層の「戦争観」は朝ドラが規定していくことになる。

昭和時代からやらせ体質だった「ワイドショー」

NHKの朝ドラが文芸路線から女一代記に路線を変え、大きな視聴率を取っていくのと同時期に、「ワイドショー」もスタートしている。現在は羽鳥慎一の司会で放送しているNETテレビ（日本教育テレビ。1977年からテレビ朝日と呼称。同年から2003年までの社名は全国朝日放送）の『木島則夫《きじまのりお》モーニングショー』は1964年、同局の昼のワイドショー『アフタヌーンショー』（当初は『ただいま正午・アフタヌーンショー』）が1965年、元NHKアナウンサーの小川宏《おがわひろし》を起用したフジテレビ『小川宏ショー』も1965年にスタートしている。

元祖ワイドショーは『モーニングショー』だが、当初、番組はアメリカのテレビ局NBCの朝の情報・ニュース番組『トゥデイ』（1952年放送開始）を手本としていたという。そして、現在のワイドショーの、おそらくいいところの、また確実に悪いところの雛型《ひながた》となっているのが『アフタヌーンショー』である。

テレビ朝日の『アフタヌーンショー』は1966年から1973年まで『桂小金治《かつらこきんじ》アフタヌーンショー』として放送され、最高視聴率20％ほどを取った。民放の昼番組としては異例の人気の理由は「怒りの小金治」にあった。

落語家の桂小金治は映画にも数多く出演した当時のトップ芸能人である。小金治はあらゆるニュースに怒りをぶつけ、当時しらけ世代と呼ばれた若者をスタジオに呼んで怒鳴り散らした。それが受けた。

「怒り」が人気のもとでもあり、また小金治の降板のきっかけともなるのだが、視聴者からは同時に苦情が多数届いた。「司会が不愉快」というクレームである。

ここで一つ知っておかなければいけないのは、このことからわかるように、視聴者からのクレームはワイドショーにとっては「成功体験」の一つだということである。したがって、視聴者から番組へのクレームは制作者側を喜ばせるだけだ。炎上商法はネットに始まったことではない。

『アフタヌーンショー』はその後、俳優の川崎敬三《かわさきけいぞう》を司会者として芸能レポーターの梨元勝《なしもとまさる》、俳優で事件レポーターの山本耕一《やまもとこういち》の布陣で第2の黄金期を迎える。覚えている方も多いかもしれないが、漫才コンビのザ・ぼんちによる番組パロディー「そぉなんですよ、川崎さん」「ちょっと待ってください、山本さん」は1981年のブームである。

そして、1985年、『アフタヌーンショー』による深刻な「やらせ」事件が発生する。

『アフタヌーンショー』と「朝日新聞サンゴ事件」

1985年8月、テレビ朝日の『アフタヌーンショー』は「激写！中学女番長!!セックスリンチ全告白」とサブタイトルを打って、男性暴走族による少女5人へのリンチ場面の映像を放送した。これが番組ディレクターが暴走族に指示したことによる演出だったことが判明する。

番組ディレクターは取材協力費も払っている。暴行教唆で逮捕されて罰金刑の有罪判決を受けているから、事件の一部始終は記録に残っているのである。

この事件が、いわゆる「やらせ」という言葉を一般化した。事件は関係した少女の母親の自殺という悲惨な局面も見せた。

『アフタヌーンショー』は打ち切りとなり、テレビ朝日は当時の郵政省から行政処分を受けた。テレビ局が事業をするにあたって、なくてはならない「無線局免許状」（電波法第4条に基づく電波を利用する権利証明）の取り消しは条件つきで免れている。

1989年にはテレビ朝日の筆頭株主である「朝日新聞社」による歴史的な「朝日新聞サンゴ記事捏造事件」が起きた。テレビ朝日と朝日新聞社は一心同体である。このことは、のちにクロス・オーナーシップの問題として述べる。

当時、朝日新聞は夕刊で〈写'89　地球は何色？〉という特集を連載していた。担当の一人である朝日新聞社の本《ほん》田《だ》嘉郎《よしろう》カメラマンが沖縄県西表島《いりおもてじま》の海でサンゴに傷をつけて落書きを自作自演し、その写真を付した新聞記事を捏造した。同年の朝日新聞4月20日付夕刊一面に掲載された記事には次のような一文がある。

だけどこれは、将来の人たちが見たら、八〇年代日本人の記念碑になるに違いない。

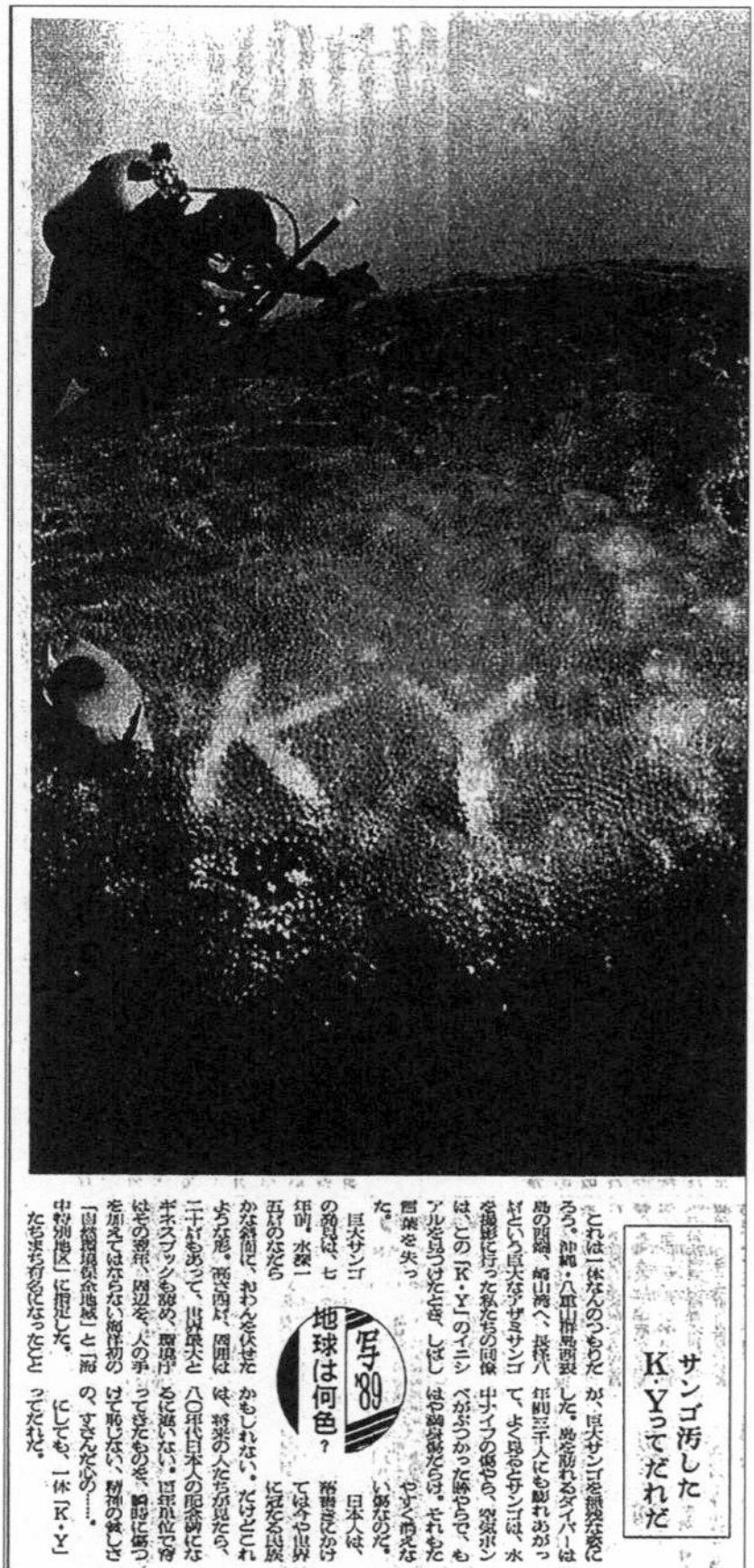

サンゴ汚した K・Yってだれだ

写'89 地球は何色？

これは一体なんのつもりだろう。沖縄・八重山群島西表島の西端、崎山湾へ、長径八メートルという巨大なアザミサンゴを撮影に行った私たちの同僚は、この「K・Y」のイニシャルを見つけたとき、しばし言葉を失った。

巨大サンゴの発見は、七年前。水深一五メートルのなだらかな斜面に、おわんを伏せたような形。高さ四メートル、周囲は二十メートルもあって、世界最大とギネスブックも認め、環境庁はその翌年、周辺を、人の手を加えてはならない海洋初の「自然環境保全地域」と「海中特別地区」に指定した。

たちまち有名になったことが、巨大サンゴを無残な姿にした。島を訪れるダイバーは年間三千人にも膨れあがって、よく見るとサンゴは、水中ナイフの傷やら、空気ボンベがぶつかった跡やらで、もはや満身傷だらけ。それもたやすく消えない傷なのだ。

日本人は、落書きにかけては今や世界に冠たる民族かもしれない。だけどこれは、将来の人たちが見たら、八〇年代日本人の記念碑になるに違いない。百年単位で育ってきたものを、瞬時に傷つけて恥じない、精神の貧しさの、すさんだ心の……。

にしても、一体「K・Y」ってだれだ。

日本のメディア史上最大級の捏造事件である「朝日新聞サンゴ事件」（1989年4月20日付朝日新聞夕刊）

（中略）精神の貧しさの、すさんだ心の……。

サンゴへの損傷行為も言語道断だが、朝日新聞は、ここでじつに〈精神の貧しさの、すさんだ心の……〉という自虐、日本人を貶めることをも「捏造」している。日本をくさすこちらのほうが本来の目的だったことは間違いない。これは２０１４年８月５日に〈慰安婦問題　どう伝えたか　読者の疑問に答えます〉という検証記事を出すにいたった朝日新聞の「慰安婦問題捏造行為」とイデオロギーを上書きしているといえるだろう。

そして１９９３年、メディアが一定イデオロギーのもとでコントロールされる様子が白日のもとにさらされる事件が起こる。当時のテレビ朝日取締役報道局長の椿貞良《つばきさだよし》（１９３６〜２０１５年）が引き起こした、通称「椿事件」だ。

メディア・コントロールが公となった「椿発言」

１９９３年10月13日、産経新聞が朝刊一面で〈テレビ朝日（中略）椿貞良取締役報道局長が（中略）「小沢一郎の〝けじめ〟を棚上げにしても非自民党政権が生まれるように報道するように指示した」と話し、「五五年体制を崩壊させる役割をわれわれは果たした」と言った〉と報道した。

同年は当時の宮澤喜一《みやざわきいち》総理が「選挙制度改革を約束したのにやらなかった」として追い込まれた通称「嘘つき解散」があった年である。自民党は解散前の議席数は維持したが、連立が取れずに与党要件の過半数を割ることになり、自民党と共産党以外の政党で構成される「細川《ほそかわ》（護熙《もりひろ》）連立政権」が誕生した。

連立政権を構成したのは社会党（現社民党）、公明党、民社党、社民連、新生党、新党さきがけ、日本新党である。自民党は結党以来、初めて野党となった。

産経新聞がスクープした記事にある〈小沢一郎氏のけじめ〉とは、当時、問題になっていた東京佐川急便からのヤミ献金関与疑惑を指す。小沢一郎は国会で証人喚問を受けたが、お茶くみをしていただけで何も知らないと答えている。

この産経新聞の報道をきっかけに、さまざまな事実が明らかになる。椿がオフレコとして口にした言葉も明るみに出て、そこには「情報ソースの取り扱い」というデリケートな問題を含むため、別途に検討が必要だが、一方、椿は同年10月25日の通常国会「政治改革に関する調査特別委員会」で証人喚問を受けている。この質疑応答記録の中身は事実として考えていいだろうし、椿の証言ならびに委員の質疑は興味深いところも多いので、いくつか取り上げてみたい。

非自民政権誕生を意図し報道

総選挙　テレビ朝日局長発言

民放連会合

テレビ朝日（全国朝日放送、伊藤邦男社長）の椿貞良取締役報道局長が、「政治とテレビ」をテーマにした日本民間放送連盟（民放連）の会合で、先の総選挙報道について、「非自民政権が生まれるよう報道せよ、と指示した」「開票速報の間違いは予測ミスで、誤報ではない」などと発言、「〝公正であること〟をタブーとして、積極的に挑戦する」と強調していたことが、十二日までに明らかになった。テレビ報道が与える政治への影響が論議を呼んでいる最中での大胆な発言に、会合メンバーの識者らから「危険な世論操作」などと危ぐの念が表明された。

この発言は先月二十一日、東京都内で開かれた民放連の「第六回放送番組調査会」で出た。同調査会は、テレビのヤラセの表面化をきっかけに、民放連が昨年十一月に発足させた。清水英夫・青山学院大名誉教授（言論法）を委員長に、弁護士、マスコミ関係者ら五人の外部委員と在京テレビキー五局の代表ら内部委員七人で構成され、これまでに「番組と宗教」などについて討議を重ねてきた。

第六回会合は、「政治とテレビ」をテーマにし、テレビ朝日の椿報道局長が特別出席して報告した。

関係者の話を総合すると、報告に立った椿局長は、まず、「今回の非自民連立政権は、久米（宏。同局の『ニュースステーション』キャスター）、田原（総一朗。テレビキャスター）連立政権という記事があったが感慨深いことであった」と切り出した。そして、ここ数年、スポンサーに圧力をかけるなど、「ニュースステーション」に対する自民党からの風当たりが強かった、と語り、「自民党守旧派は許せないと考えた」と述べた。

メンバーの外部委員の一人は、今回の総選挙について、椿局長は「小沢一郎の〝けじめ〟を棚上げにしても非自民政権が生まれるように報道するよう指示した」と話し、「五五年体制を崩壊させる役割をわれわれは果たした」と言った、という。

別の出席者は、「幸い自民党の梶山静六幹事長、佐藤孝行総務会長は悪人顔をしており、二人をツーショットで撮り、報道するだけで、視聴者に悪だくみをする悪代官という印象を与え、自民党守旧派のイメージダウンになった」「その点、羽田氏（外相）は誠実さを感じさせるし、細川氏（首相）はノーブル、武村氏（官房長官）はムーミンパパのキャラクターで、非自民グループを応援するのに好条件がそろっていた」と聞いている。

そして、「〝公正であること〟をタブーとして、積極的に挑戦をする。公正な報道に必ずしもこだわる必

メディア・コントロールで政権交代を実現したと豪語するテレビ朝日・椿貞良の発言をスクープした記事（1993年10月13日付産経新聞）

椿の証人喚問から読み解くメディア・コントロールの実態

問題とされた椿の発言は日本民間放送連盟「第6回放送番組調査会」でのものである。放送番組調査会は前述した「やらせ」番組を契機に民放各社の編成責任者および外部委員で構成されたものであり、会議はすべて録音され、月報にまとめられる。つまり、椿の発言は議事録として残っているのである。

問題となった椿による放送番組調査会での発言についての国会の質疑応答記録を、重要と思われる部分について議事録よりまとめる。

「ニュースや選挙放送を通じて細川政権を生み出したのはテレビ報道の力である。十分にやったと自負している」「テレビ朝日がそういう映像を送り出し、そうして政治を変えていった、そのことが誇らしい。だから細川政権が田原《たはら》（総一朗《そういちろう》、テレビキャスター）、ジャーナリスト）政権と言われ、あるいは久米宏《くめひろし》（『ニュースステーション』キャスター）連立政権だと言われて誇りに思う」という内容の発言をしたことについての椿の釈明は次のとおりである。

要するにテレビの力が最近物すごく強くなっているわけで、やはり視聴者の求めるものを正しく我々は報道しなければならないというような姿勢で私はお話をいたしました。それで、そういう意味からいいまして、私どもの主宰します、私が主宰したテレビ朝日の選挙放送がそういう意味で成績がよかったものですから、ある点、自負といいますか、おごりといいますか、そういうものが先にありまして、私はああいうような、いわば常識を欠いた、脱線的な暴言をしたことだと思います。（中略）

選挙中のああいういろいろな政治情勢がございまして、それが選挙後の結果、大体ぴったりと合った、それを見まして、まるで私が頑張ったような、また、テレビが頑張ったような、そんな錯覚に陥りまして、ああいうような発言をしたわけでございます。

決して錯覚ではないことは、このあとに引用していく椿の発言で明らかになってくる。

また、「公正であることをタブーとして挑戦していく」という内容の発言をしたことについては、次のように釈明している。

タブーという言葉を間違えて使っていることは、あわせてここで訂正をいたしたいと思います。

どのように間違えたと言いたいのかわからないが、これは、じつは間違っていない。椿本人も間違って使ったとは、これっぽっちも思っていないはずである。

なぜなら、1982年3月20日に刊行されたNHK総合放送文化研究所編『テレビ・ジャーナリズムの世界』（日本放送出版協会）に椿は次のように書いているからだ。この事実は自民党の町村信孝《まちむらのぶたか》委員（のちに衆議院議長、2015年逝去）が指摘した。

私は、これまで報道したとき、公正であったこと、中立であったことは一度もない。どうしてかというと、公正であり、中立であり、クールであって本当に物事を伝えることができるとはどうしても思えないからである。あなたは自信を持ってこう書いておられる。

椿は明らかに「公平さなど考えてはいけない」という意味で「公平であることをタブーとして」と言ったのである。したがって、椿は一定のイデオロギーのために動く政治活動家以外の何ものでもなかったといっても、決していいすぎではない。

勘違いした自称ジャーナリストは、これもかなりレベルが低いが、菅義偉官房長官との記者会見でのやり取りで問題になった東京新聞の望月衣塑子《もちづきいそこ》記者に始まったことではない。東京新聞は地方新聞の一つにすぎないが、数十年前にすでにテレビ朝日というテレビキー局、しかも報道局長という立場にいながら、立派に「報道犯罪」を起こしていたのだ。

椿はまた、「第6回放送番組調査会」で次のように発言していることが委員会で指摘された。

それにしましても、その自民党の守旧派という方々のズレと言いますか、バカさ加滅というのはあきれ返るほど嬉《うれ》しかったことは事実なんです。
例えば、梶山《かじやま》幹事長と佐藤孝行《さとうこうこう》総務会長が並んで座っていまして、何かヒソヒソと額を寄せて話しているとか薄笑いを浮かべている映像を見ていますと、まだ、あの時代劇の悪徳代官と、それを操っている腹黒い商人そのままなんですね。そういうものをやはりわれわれは家庭に送り出すことが出来たし、茶の間一般の受け取る視聴者はそれをはっきりと見てきたわけなんです。（中略）
それは皆さまもご覧になっていてそういう印象を持たれたと思うんですが、例えば、細川さんもお殿様みたいに駘蕩《たいとう》と悠然たる風格があるし、羽田《はた》（引用者注＝孜《つとむ》、当時副総理兼外務大臣）さんは政治改革一本やりできわめて誠実で真面目な印象があるし、武村《たけむら》（引用者注＝正義《まさよし》、当時官房長官）さんはムーミンパパで、どれも明るくて、なんか弱々しいけれどもウソはつかないし、きわめてフェーバブルな好ましい印象をみんなが持ったと思うんです。
ところが、自民党の梶山静六《せいろく》および佐藤孝行に代表される連中のイメージというのは、それは料亭であり、カネであり、なれ合いであり、談合であり、恫喝《どうかつ》だったと僕は思うんです。で、どちらがいいか、どちらに軍配を上げるかは僕はやはり自明ではなかったかというふうに判断しています。

右記の発言に対する〈具体的に梶山さんと佐藤さんがどういうことを話しておられる、その場でどういうことをやっておられるということと切り離して、要するに、無関係に一つのイメージを伝えるために映像を使った、こうおっしゃっているのですか〉という自民党の谷垣禎一《たにがきさだかず》委員（のちに自民党総裁）の質問に、椿は〈私がそういう映像を意図して使えとか、そういうことを指示したことはありません〉と明らかな「嘘」で答えている。

そして、同じく谷垣委員の〈あなたのお話を伺うと、イメージを国民に伝えるのが放送だと思っておられるんじゃないでしょうか〉という質問に対して、椿は次のように答えている。

テレビ朝日だけがあの時期ああいう映像をすぐれて出したとは私は思いません。何度も申し上げますように、ああいう映像を私どもはやはりテレビに乗せて、それは今谷垣委員がおっしゃいますように、それが意図的なメッセージになったとかメッセージを意図したとか、そういうことは全くございません。ただ、現実起こっておりますそういう事象をテレビのカメラが撮りまして、それを視聴者に提供したということでございます。そこにテレビ局の意図的な考え方とか意図的な操作とか、そういうものは全くございません。

〈現実起こっておりますそういう事象〉とは、まさに椿のイデオロギーに沿う事象のことであろう。椿は〈そういうものをやはりわれわれは家庭に送り出すことが出来た〉と「第6回放送番組調査会」ではっきり言っているのだ。きわめて下品な確信犯である。

さらに、次の発言から、偏向はますます明らかになる。

そういう意味で私どもは、はっきり言いまして私、――「私と」と言ったほうがいいかもわからないんですが、――「今度の選挙は、やっぱし梶山幹事長が率いる自民党を敗北させないとこれはいけませんな」ということを、ほんとに冗談なしで局内で話し合ったというのがあるんです。もちろんこういうことは編成局長には申し上げてはありません。これは放送の公正さをきわめて逸脱する行為でございまして。（笑い）

（中略）

ただ、私どもがすべてのニュースとか選挙放送を通じて、やっぱしその五五年体制というものを今度は絶対突き崩さないとだめなんだというまなじりを決して今度の選挙報道に当たつた《ママ》ことは確かなことなんです。（中略）

これはきわめて、――これはあんまり編成局長には私、申し上げてなかったんですが、――六月の終わりの時点から私どもの報道は、「小沢一郎氏のけじめを殊更に追及する必要はない。今は自民党政権の存続を絶対に阻止して、なんでもよいから反自民の連立政権を成立させる手助けになるような報道をしようではないか」というような、――指示ではもちろんないんです、――そういうような考え方を報道部の政経のデスクとか編集担当者とも話をしまして、そういう形で私どもの報道はまとめていたわけなんです。それがいま吹いている〝政治の風だ〟というふうに私は判断し、テレビ朝日の報道はそういうふうに判断をしたわけなんです。

たびたび出てくる「編成局長」とは〈テレビ朝日全体の放送を編成し、放送を実際に行う責任者だ〉と、椿が説明している。〈放送基準に当たる（引用者注＝照らし合わせる）こと、これは編成局長の役割ですね〉という確認の質問に対して、椿は、〈工場の工場長みたいなものでございます〉とはぐらかしている。

そして、椿はこんなことを言うのである。

私どもの報道局、まあ二百十五人いるわけで、それで、選挙のあの期間、例えば選挙情勢がどうなっているかとか世論調査はどうだろうかとか、それから一般の有権者の動きはどんなふうになっているだろうか、そういうような意見交換といいますか、議論というのは当然行われております。それは、同僚とそういうものを行うことはもう当然でございまして、特に報道局長なんというのは情報源に余り近いところにいないわけで、むしろ局員の同僚の諸君と話をしながら、こちらがいろいろと情報を得たり、教えてもらったり、それから、ざっくばらんに今の政治情勢に対する認識を話し合ったということはございます。私がその場で発言しましたのは、そういう趣旨の発言を申し上げたことでございます。

〈編成局長には申し上げてはおりません〉とは、まさにこのことなのだ。トップダウンで命令伝達するのではなく〈文書での指示伝達などはしたことがないとも椿は明言している〉、右記のように〈同僚の諸君と話をしながら〉洗脳し、あるいは人事権をちらつかせて誘導するのである。

椿の一連の問題発言に対して、町村委員は次のように問いつめた。

それは何と自分で、心のうちで思っているだけならばそれはいいと思うんです。しかし、あなたはさっき谷垣委員の質問に対して、報道局長の立場は報道局全体を指揮命令をする立場だ、監督する立場だとおっしゃった。ということは、あなたがそういう考えで、しかも、話し合った、ディレクターあるいは担当デスクと話し合ったということは、ただ単に心のうちでひそかに思っていたということだけではなくて、監督者である、責任者であるあなたの意図がいろいろな話し合いを通じて当然現場にも行くと考えるのは、これは当然のことだろうと私は思いますから、したがって意図において放送法違反ありと私は考えます。

それに対して、椿はしたたかにこう答えるのである。

当時の政治状況を見て、個人的にそういう考えを椿貞良個人として持っていたことは確かであります。

ただ、先ほどから何度も申し上げますように、私がそういうことを局員に対して指示、示唆したことは全くございません。

それから、テレビ朝日の組織というのは二百十五人のプロの集団でございまして、例えば、もし仮に局長がそういうような不規則な発言をいたしましても、局員全体は公正、中立な放送を行うということを前提に日夜研さんしているわけでございますから、そういうものが通るようなシステムでもございませんし、また局員の心構えとしてもそういうことは絶対にございません。

語るに落ちているのである。ジャーナリストという仕事に就き、雄弁な分だけ魔が差したというべきだろう。〈それから、テレビ朝日の組織というのは二百十五人のプロの集団でございまして〉以降の言は推理小説などで殺人犯がよく使う、「私には犯行不可能」だと説明するときの常套句《じょうとうく》である。

フェイク・メディアのフェイク・ニュースがどのようにできあがっていくのか、メディア・コントロールはどのような人間が、どのように行っていくものなのか。これをもってよくわかるのではないだろうか。ただ傲慢で、視聴者を見下すだけのファシストが、このような「犯罪」を平然と犯していたのだ。

ニュースの論調は「クロス・オーナーシップ」で決まる

テレビ朝日と朝日新聞は一心同体であると先に触れた。前項で触れた１９９３年の「嘘つき解散」から「細川連立政権」の誕生にいたる一連の報道状況、そればかりでなく、２００９年の当時の民主党による政権交代の際の一連の報道状況、そして、２０１７年の森友・加計学園問題に関する一連の報道状況を見れば、とくにテレビ朝日と朝日新聞の連携は明らかである。

メディアはもっぱら新聞の論説によって統一されるのが常である。論説とは、簡単かつ具体的にいってしまえば、その時々の社説が新聞紙面のニュースの色彩を決め、テレビ報道の色彩も決める。

新聞の社説を書くのは論説委員である。社説は一般的には個人が書くものではなく、専門の記者が複数集まり、討論ないし議論を行って、社の方針として合議を得た主張が担当執筆者によって書かれる。

その複数集まった専門の記者たちは論説委員と呼ばれている。

論説委員は高級管理職の地位にある。ベテランで社の経営に貢献度の高い人間たちが務める。社員であることもあれば、役員であることもある。どちらにしても、強い人事権を持つ。そのプロフィールは前項で触れた椿とだいたい同じだと考えていいだろう。先にメディアは新聞の論説によって統一される、テレビ朝日は朝日新聞に従うと述べたが、互いに顔色を窺うというのが実際である。

どちらが稼ぎ頭かによって、新聞側に主張が寄るか、テレビ側に主張が寄るかが決まる。なぜかといえば、テレビと新聞は互いに資本関係にあり、業績が互いに影響し合うからだ。これをクロス・オーナーシップと呼ぶ。

新聞社を軸として編成された「クロス・オーナーシップ」

現在、各主要新聞社とテレビ局その他のクロス・オーナーシップの状況は次のとおりである。

◎主要株主＝朝日新聞社→テレビ朝日ホールディングスおよびテレビ朝日系列局
◎主要株主＝読売新聞グループ本社→日本テレビホールディングス（アール・エフ・ラジオ日本を子会社に持つ）および日本テレビ系列局
◎主要株主＝日本経済新聞社→テレビ東京ホールディングスおよびテレビ東京系列局、日経ラジオ社
◎親会社＝フジ・メディア・ホールディングス→フジテレビジョンおよび系列局、ニッポン放送、産業経済新聞社
◎親会社＝ＴＢＳホールディングス→ＴＢＳテレビ

互いに資本関係にあるといっても、主要株主である新聞社とテレビ局の縦割り関係である。そして、右記を見ればわかるとおり、日本のテレビ局は新聞社が主要株主となっていることがほぼ常識である。

テレビ局が新聞社の株を牛耳っているケースはフジテレビだけだ。また、ＴＢＳはもともと朝日、毎日、読売などが共同出資して設立したもので、現在は朝日と読売が手を

引き、毎日新聞とＴＢＳは互いに株を持ち合い、経営上は対等である。そして、これは日本に特有の現象である。事情は昭和30年代にさかのぼる。

「反共の壁」として設立された日本の民放

日本で最初に開局した民放テレビ局は日本テレビである。会社としては１９５２年に設立し、放送開始は翌年である。１９５２年、大目に見て翌年にしたところで、国産のテレビが初めて販売開始されたのが１９５２年である。ビジネスも何もあったものではない状況だったといえるだろう。それでも日本テレビの設立と放送開始が実現したその背景にはアメリカの反共産主義政策があった。海外向けアメリカ国営テレビの放送システムを関係各国に設置する「ヴィジョン・オブ・アメリカ」と呼ばれる情報戦略である。

その内容は公文書研究者の有馬哲夫《ありまてつお》の『日本テレビとＣＩＡ　発掘された「正力《しょうりき》ファイル」』（新潮社）にくわしく、アメリカ側は日本、フィリピン、韓国、沖縄（当時の施政権はアメリカ）、台湾、フィリピンなどをネットワークした環太平洋情報網を考えていた。

適切なテレビ番組を持った通信システムは、国家の統合と発展を約束し、共産主義に対する効果的で強固な防壁を築くでしょう。(中略)

これら(引用者注＝占領下の日本およびアジア諸国)の人々の哲学を議論やラジオ番組や印刷された本やパンフレットで変えるということは難しいことです。ですから、彼ら自身の目で見るように仕向けようではありませんか。(中略)

彼らに民主主義と、それがアメリカのなかでどのように機能しているかを見せようではありませんか。これとの比較によって、アジア型の専制政治と無神論的物質主義とを持った共産主義が彼らに何をもたらすのか見せようではありませんか。

こういった思惑のもとで政策を推進したのはアメリカ共和党の政治家カール・ムントである。ムントは1950年の時点でGHQ(General Headquarters＝連合国軍最高司令官総司令部)のダグラス・マッカーサーに書簡で提言し、一度は退けられたという。

なぜ、正力松太郎はＣＩＡの協力者となったのか

ムントは１９４７年にＡ級戦犯に指定されて収容されていた巣鴨《すがも》拘置所から不起訴のうえ釈放されて以来、非公式にＣＩＡ（Central Intelligence Agency＝アメリカ中央情報局）に協力していた元内務官僚で実業家、大企業「読売新聞社」のオーナー正力松太《まつた》郎《ろう》に接近した。

正力は１９２４年に読売新聞を買収している。戦後の時点で読売新聞が大企業となっていた背景には１９３８年に施行された国家総動員法に基づく「新聞統制」政策がある。新聞統制は有事下における言論統制を目指したものだが、その法的根拠は、あくまで国家総動員法で法制化された消費制限品目に新聞用紙が含まれていたことによる。この政策で、１９３７年の時点で１２０８社あった新聞社は、１９４２年の時点で55社までに統合が進んだ。

正力の読売新聞は１９４２年に報知新聞を統合し、発行部数を１７２万部強とした。朝日新聞は１９４０年に大規模な統合をすませており、大阪朝日と東京朝日の合計で発

行部数367万部強の大新聞となっていた。

1952年の日本テレビ開設にいたる経緯にはさまざまな説があり、ここでは触れないが、正力とアメリカのあいだには利益的なものも含めての融通があったことは、前出の有馬が発掘したアメリカ公文書に明らかである。こうして成立した「読売新聞社による日本テレビ経営」が日本におけるその後のテレビ局経営のビジネスモデルとしてスタンダードとなる。

「クロス・オーナーシップ」を法律で禁じるアメリカ

1957年に東映と日本短波放送（現在の日経ラジオ社）とその親会社である日本経済新聞社、旺文社などの出版、教育関係3社を中心に設立された株式会社日本教育テレビが「テレビ朝日」の前身である。

朝日新聞社は東映と合弁で設立した朝日テレビニュース社でニュース制作のみを行っていたが、1966年に東映の持ち株半分を譲受して以降、日本教育テレビ改めNET

テレビとの結びつきを強めた。朝日新聞社傘下となったNETテレビは1977年に全国朝日放送（通称テレビ朝日、2003年から正式名称）に改名する。

TBSテレビは1955年にラジオ東京（現在のTBSラジオ）が赤坂で放送を開始した。1960年に送信所を東京タワーに移して、同年に社名を株式会社東京放送に変更し、略称をTBSとしている。

フジテレビは1957年、文化放送、ニッポン放送、東宝、松竹、大映などが免許を申請して設立した株式会社富士テレビジョンが前身である。現在はフジサンケイグループの中核企業のポジションにある。グループは産経新聞グループやニッポン放送グループなどで構成されている。

テレビ東京は1960年に設立された公益財団法人日本科学技術振興財団のテレビ事業本部が番組制作のために組織した「株式会社東京十二チャンネルプロダクション」を前身とする。1969年にテレビ事業本部の運営を引き受けることで、株式会社日本経済新聞社は放送事業に参入した。その後、日本経済新聞社は株式会社東京十二チャンネルプロダクションの増資の中心となり、財団から放送事業を譲受し、1981年にテレビ東京に商号変更した。

あらためて整理すると、新聞社とテレビなどの放送局が同じ資本の系列下にあることを「クロス・オーナーシップ」と呼ぶ。そして、この状態は常識的に言論の統一化を招き、あるいは多様性や言論の自由を阻害すると簡単に予想がつくため、民主主義国家では好ましくないものとされている。

例えば、アメリカの通信・放送規制を担当する独立行政組織「連邦通信委員会(Federal Communications Commission＝FCC)」は週4日以上のスケジュールで新聞を発行する法人が同一エリア内に放送局を持つことを禁止している。もちろん「持つ」「保有」「エリア」の解釈によるわけだが、厳密にこのルールでいけば、日本の地上波テレビ局はNHKだけが残ることになるだろう。

禁止法案つぶしに奔走する新聞記者

この「クロス・オーナーシップ」を禁止する法案を、かつての民主党政権が提出しようとしたことがある。２０１０年の1月に当時の原口一博《はらぐちかずひろ》総務大臣が東京・有楽町の外国特派員協会で行った講演で明らかにしたものだ。

原口は外国人記者の質問に答えるかたちで、「マスメディア集中排除原則、これを法案化します。そして、クロスメディアの禁止、つまりプレス（新聞）と放送が密接に結びついて言論を一色にしてしまえば、そこには多様性も、民主主義のもとである批判も生まれないわけであります。これを法文化したい」と述べた。

これは、もちろんリアリズムではなく、当時の民主党の机上のリベラル・イデオロギーからきたものだということができる。この翌年の話ではあるが、宮城県庁を訪れた当時の松本龍《まつもとりゅう》復興担当大臣が取材陣を「いまの最後の言葉はオフレコです。いいですか？みなさん。絶対書いたら、その社は終わりだから」と恫喝している。リアリズムでは言論統制に躊躇《ちゅうちょ》しないにもかかわらず、当時の民主党政権は、口では反対のことをベラベラしゃべっていたことになる。

ただし、原口の「クロスメディア禁止」案がきわめて常識的な考えであることは間違いない。しかし、この外国特派員協会での講演があった翌日の総務省定例記者会見では、禁止案に関する質問は一切出なかった。

当然である。「クロスメディア禁止」案は記者たちの業界の解体案だからだ。沈黙するどころではなく、新聞業界はかえって「(新聞、ラジオ、テレビの) 3事業支配の禁止」の廃止を求め、メディアの「クロス・オーナーシップ」を強化するよう要請する動きを見せた。

原口の発言の2カ月後に、社団法人日本新聞協会メディア開発委員会は総務省に次のように結ぶ意見書「クロスメディア所有のあり方に関する意見」を提出している。

こうした実情(引用者注=新たな放送メディアの登場、ネット普及、SNS登場などの状況) に目を向ければ、3事業支配の禁止規定を撤廃したとしても、情報の「多様性」「多元性」「地域性」が損なわれる状況にないのは明らかであり、これが同規定の撤廃を求める理由です。

「既存秩序を破壊する技術」とも言われるインターネットの普及、デジタル化とブロードバンド化の進展に伴い、新聞社も放送局も厳しい経営を迫られています。新聞社、放送局が国民の「知る権利」の担い手として、今後も公共的、文化的使命を果たし続けていくには、経営の安定が不可欠です。そのために必要なのは、新聞と放送の間に楔《くさび》を打ち込むことではなく、さらなる連携の強化を可能とする制度の整備であると考えます。

このことが森友・加計学園問題の展開一つを取っても、まるっきりデタラメだということがわかる。２０１７年9月25日に当時の安倍総理は衆議院の解散表明を行った。このときにもテレビメディアは一様に森友・加計学園問題隠しと消費増税という二つの記号のセットで解散を語った。

増税の使い道を社会福祉に回すと述べた安倍総理の会見に対して、では財政再建はまた先延ばしかという視点でしか語らず、そこでは必ず、いまだに「１０００兆円をゆうに超えた日本の借金」というペテンが語られる。

そういった状況を、当のメディア側は「こちらは言いたいことを言い、関係メディアには右へならえをさせるから、一般人は勝手にどこでも異論を探して喜んでいればいい。

それができる時代だろう？」と言っているのだ。新聞社というメディア企業は、日本という国の言論の質の確保などにはさらさら興味はなく、そのテーマは、意見書を見る限りでは「厳しい経営」にある。

日本新聞協会は2006年、総務省が出した「デジタル化の進展と放送政策に関する調査研究会」の取りまとめ（案）に対しても意見書を提出しているが、その内容を見ると、4年後に出すことになる右記の意見書とまったく同じ内容であり、経営危機への言及が多少強まっているくらいのものである。

したがって、言論を自社の論説に「右へならえ」させることになんの躊躇もしない新聞社に自浄の意思も能力もないことは、もはや明白だろう。そこで、2017年に急速に注目の度を増してきたのが「電波オークション」である。

「電波オークション法」はメディア再編の切り札になるか

2017年9月12日、産経新聞が次のように報じた。これは菅義偉官房長官（当時）

が記者会見で発表した内容である。だが、不思議なことに、この記事以外は、どこも報道していない。ここでも「報道しない自由」が行使されていたのである。

電波オークション　政府が導入検討

政府が電波の周波数帯の利用権を競争入札にかける「電波オークション」の導入を検討していることが11日、分かった。特定のテレビ局や通信事業者などに割り当てられた「電波利権」に切り込むことで、電波利用料金の収入増や割り当て選考の透明性確保を図る。政府の規制改革推進会議も同日、公共用電波の民間開放の拡大を議論していくことを決めた。（産経ニュース、2017年9月12日）

記事には2015年時点での電波利用料金徴収額の内訳がある。次のとおりだ。

◎NTTドコモ……約201億円
◎KDDI……約131億円

◎ソフトバンク……約165億円
◎NHK……約21億円
◎日本テレビ……約5億円
◎TBS、フジテレビ、テレビ朝日、テレビ東京……約4億円

民放テレビ局の電波料金がいかに安いかがわかるだろう。携帯キャリアの額を見れば、NHKもまたしかりである。

先に見てきたような、昭和30年代から40年代にかけて、アメリカの政策もまた絡んだ、さまざまな利権および利益誘導から定着したままの優遇が続行して顧みられていないのである。

電波オークションの導入については2012年、当時の民主党政権下で閣議決定され、法案が国会提出されたことがあることも記事は伝えている。このときには、当時は野党だった自民党が反対して審議されずに終わっているという経緯がある。

産経新聞はまた、当時の民主党政権は〈毎年平均で数千億円の収入になると推計し、

増えた収入は政府の財源とすることを想定していた〉ということも伝えている。

電波オークションの導入は新聞社からテレビ局を切り離す機能も果たすだろう。また、報道を政治活動と確信犯的に誤解している報道局長がいるメディアが再編される機能も果たすだろう。

しかし、ここで注意しなければならないのは、電波オークションを「既存民放テレビ局の電波料が安すぎる」という側面を最も重要事としてとらえること、そして注視しなければならないのは、政権が収入増を最たる目的としてオークション法案をまとめてしまうようなことがあるのか、ないのかということだろう。

オークションの落札を許可する団体、法人、あるいは個人の国籍の問題など重要な要素が金額のほかにも多種多様にあり、電波ばかりは骨董品《こっとうひん》やスニーカーのビンテージを落札するような具合にはいかない。

また、落札者を規制すべき電波法や放送法も、次章で述べるようにＧＨＱが主導してつくった１９５０年のものが骨格として残っている。この法律のあり方と、そこに存在する問題もまた、日本国憲法のあり方と、そこに存在する問題にきわめて近いのだ。

また、社会構造の点からいっても、日本は、それを望む勢力にとってはメディア・コントロールがまだまだ利用できる環境にあるといっていい。一定数の人々は森友・加計学園問題に熱中するために北朝鮮や中国共産党の脅威を横に置いておくことができる。そういった現実が、たしかにまだ、そこにあるのである。

来るべき電波オークション法は、それをリアルな仕組みで制御する、きわめて硬質な法律でなければならないはずだ。

第4章

なぜ、メディアは「歴史洗脳」をするのか

いまなお生きている『閉された言語空間』

なぜ、日本のメディアはフェイク・ニュースを量産し続け、それで平気なのか。私は単刀直入に知人の某民放テレビ局幹部に尋ねることにした。彼はこう応じてくれた。

「答えは簡単です。われわれの現場も含めて、いまも『閉された言語空間』のままだからですよ」

『閉された言語空間』は、いうまでもなく戦後を代表する文芸評論家である江藤淳《えとうじゅん》（1932〜1999年）が1989（平成元）年に文藝春秋から刊行した論文集である。サブタイトルに「占領軍の検閲と戦後日本」とあり、評論の内容は簡潔明瞭にこのとおりである。

江藤は1979年10月から9カ月間をかけてアメリカの国立公文書館やメリーランド大学のプランゲ文庫などでGHQの検閲に関する公文書の重要な一次資料の発掘と研究を行った。論文は1982年および1986年に雑誌『諸君！』（文藝春秋、2009年休刊）に断続的に発表される。

『閉された言語空間』は、それらを一冊にまとめたものだ。1994年に文庫化され、その「文庫版あとがき」にはこうある。

米占領軍の検閲に端を発する日本のジャーナリズムの隠微な自己検閲システムは、不思議なことに平成改元以来再び勢いを得はじめ、次第にまた猛威を振いつつあるように見える。

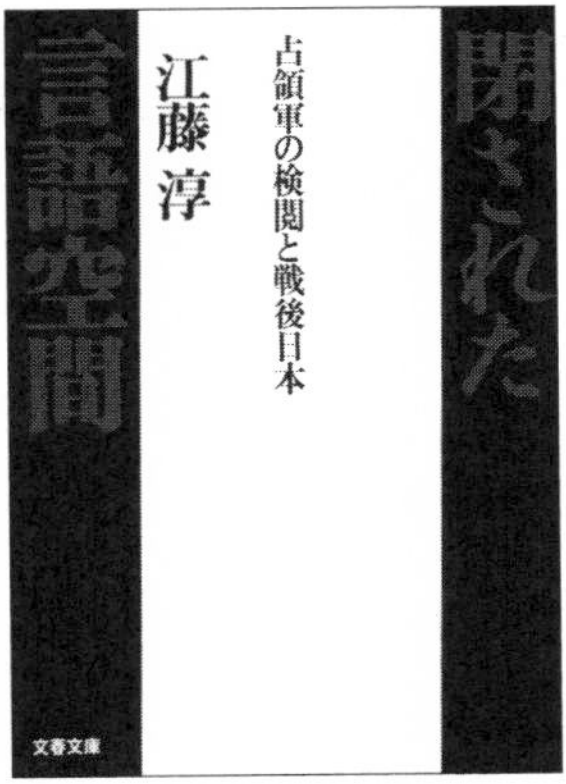

江藤淳の『閉された言語空間』（文春文庫）

〈米占領軍の検閲〉とは報道における用語などの表現、報道していいこと、いけないことを、GHQが処分罰則を設けて規制したことを示している。〈自己検閲システム〉とはGHQ検閲の慣習がそのまま残り、法的な罰則があるわけではないのに検閲の方法論に従うことを示している。

江藤は〈平成改元以来再び勢いを得はじめ、次第にまた〉と書いている。つまり、現在の日本はGHQ検閲の慣習が〈猛威を振いつつある〉渦中だということになる。

そして、それは、例えば2016年、NHKがスクープしたとされる天皇陛下のいわゆる「生前退位」報道に明確に表れている。

日本の歴史を破綻に追い込む「退位」という表現

NHKは2016年7月13日の夜の各ニュースで、次のように伝えた。

天皇陛下が、天皇の位を生前に皇太子さまに譲る「生前退位」の意向を宮内庁の関係者に示されていることが分かりました。数年内の譲位を望まれているということで、天皇陛下自身が広く内外にお気持ちを表わす方向で調整が進められています。

非常にアクロバティックに構成されたニュース原稿であると思う。まず明らかにしておかなければならないのは、日本において「天皇が退位する」という状況は存在しえないということだ。

退位とは「地位を手放す」、ただそのことを意味する。他国で一般的にいわれる「君主」であれば、君主が君主の法規と権限とにおいて座を降りることは可能だろう。しかし、日本における天皇にとって、それは不可能である。

天皇家は初代神武《じんむ》天皇以来、今上天皇陛下まで126代を数える、綿々たる万世一系《ばんせいいっけい》の家系である。女帝であった第37代斉明《さいめい》天皇のあとに一時、中大兄皇子《なかのおおえのおうじ》（のちの天智《てんじ》天皇）が称制を敷くなど、天皇位におけるわずかな空白は史上にいくつか認められるが、天皇という存在が「まずある」のが日本という国の基本である。

したがって、天皇家は天皇家をサポートする臣下一族や官僚もまた、その家系を男系において絶やさないことに死力といっていい努力を重ねてきた。そして、最も重要なことは、天皇という存在の核心は大嘗祭《だいじょうさい》によって引き継がれる「天皇霊《てんのうれい》」にあるということだ。

「天皇霊」は民俗学者の折口信夫《おりくちしのぶ》（1887～1953年）による学術用語だと思われ

ている節《ふし》がある。折口は〈此は、天子様としての威力の根元の魂といふ事で、此魂を附けると、天子様としての威力が生ずる〉（論文『大嘗祭の本義』）と説明しているが、その前に出典を明らかにしている。

「天皇霊」は『日本書紀』（720年成立）の「巻第二十敏達《びたつ》天皇　渟《ぬ》中《な》倉太珠敷天皇《くらのふとたましきのすめらみこと》（第30代）」に初出する。反乱を起こした蝦夷《えみし》が平定され、三輪山《みわやま》に向かって次のように誓う。

「私ども蝦夷は、今から後、子々孫々に至るまで、清く明き心《あきらけ》をもって、帝《みかど》にお仕え致します、もし誓いに背いたなら、天地の諸神と天皇の霊に、私どもの種族は絶滅されるでしょう」（宇治谷孟《うじたにつとむ》訳『全現代語訳 日本書紀』講談社）

「天皇の霊」はもとの漢文表記で「天皇霊」である。「帝」は「天闕《てんけつ》」（一般的には宮城《きゅうじょう》の門の意味。天皇をお住まいで呼んだ言葉。御門《ごもん》）と書かれている。つまり、「帝」と「天皇霊」は書き分けられている。

蝦夷が滅ぼされるのは帝によってではない。天皇霊によって滅ぼされるのである。そして、天皇はこの「天皇霊」を引き継いでいく存在なのだ。

天皇は「天皇霊」をないがしろにすることはないし、ないがしろにしようという発想さえない。また、大切に考えようという発想もない。いうまでもなく、「ある」ものだからだ。これが日本の歴史である。

「退位」という言葉は、それそのものをなくしてしまうという意味、端的にいえば「天皇を廃止する」というニュアンスも含んでいる。「天皇霊」がまずある日本世界には、このことはありえない。

先に掲げたNHKのニュース原稿は、いわゆる「天皇制廃止」を主張する左派勢力に気を使い、かつ伝統的な「譲位」という言葉も使っていわゆる保守派に気を使い、「生前退位」という新語を編み出して、ブラックホールのようになんでもかんでも収容できるようにした。そういう意味では非常にすぐれた文章になっている。

同時に、だからこそ、日本の歴史から見てまったく破綻した原稿であることは間違いなく、したがって、このNHKのニュースは完全にフェイク・ニュースである。

よって、一部新聞（産経新聞のことだが）は、今後は「退位」ではなく「譲位」を使用するといういわずもがなのことを、わざわざ紙面を割いていわなければならなかった。このまったくバカバカしい状況が、江藤のいうGHQ検閲の慣習が〈平成改元以来再び勢いを得はじめ、次第にまた猛威を振いつつある〉（前掲）状況である。

「言葉狩り」される皇室用語

江藤は文芸評論家であるが、『閉された言語空間』は多分にサスペンス的なおもしろさまで含むドキュメンタリーとしても読むこともできる。未読の方は現在、江藤の存在自体が日本のジャーナリズムの「言語空間」から抹殺されているからこそ、ぜひ一読いただきたい。

なお、前項のNHKのニュース原稿で目立って気になるのが「皇太子さま」という表現だが、これもまた、『閉された言語空間』で指摘されている。江藤は天皇陛下御在位60周年の記念ドキュメンタリー映画を監修するにあたって、製作側が皇室用語にきわめて多くの自己規制をかけていることを実感した。御在位60年の天皇とは、もちろん昭和天皇のことである。

製作側にはテレビ放送の通例に沿うための関係用語集という資料まであり、「まえがき」には〈用語は現代感覚にてらして慎重に検討し、とくに時代錯誤をチェックした〉とあった。日本の歴史は現代日本の表現製作の場では〈時代錯誤〉と一蹴されるようである。

その事例として、次のようなものが挙がっていた。

×践祚《せんそ》↓即位
×御名《ぎょめい》↓天皇のお名前
×行幸↓おでかけ、ご旅行、ご訪問
×御違例、御不例、御不予↓ご病気
×聖上↓天皇
×今上↓天皇陛下

×皇后宮→皇后、皇后陛下、皇后さま
×東宮殿下→皇太子殿下、皇太子、皇太子さま、東宮さま

これらはつまり、なぜ×のついた皇室用語が×なのかといえば、戦前の明治、大正、昭和において大日本帝国憲法に並ぶ大典だった皇室典範で使用されていた用語だからである。一般の人々のあいだでは、この言い換えは「軍国主義国家であった悪い日本が使っていた用語なのだから、いまは現代の民主主義的感覚で変更されて当然だ」と簡単に考えられがちである。

次項から、江藤のいう〈米占領軍の検閲に端を発する日本のジャーナリズムの隠微な自己検閲システム〉がどう組み立てられていったのかを整理していく。

ポツダム宣言の完遂が目的だった「WGIP」の誕生

1945年8月14日、日本がポツダム宣言を受諾し、第二次世界大戦は終結する。日

本が受諾したポツダム宣言に次のようになる条項がある（引用者訳）。

第6条　日本国民をあざむき、世界征服をもくろむ過ちを犯させた勢力を永久に排除する。無責任な軍国主義が世界からなくならないかぎり、平和と安全と正義の新秩序は望めないからである。

第7条　第6条にいう新秩序が確立されて、戦争能力が消滅したことが確認されるまでは、われわれ連合国が企図する基本的目的の達成のため、日本国領域内の諸地点は占領される。

連合国とはアメリカ合衆国、イギリス、ソビエト連邦（現ロシア）、中華民国の4大国をはじめとする戦勝諸国のことである。かねがね私がいっていることだが、いわゆる国際連合の英語表記であるUnited Nationsは、この連合国を指すとともに、それ以上の意味を持っていない。したがって、私はいつも「連合国（国連）」と表記し、講演や大学の講義でもそう表現している。1945年10月に設立されたこの組織は、第二次世界大戦の戦勝国の利益を確保し続けるためのものである。

ポツダム宣言の右記の条項を根拠として連合国軍最高司令官（Supreme Commander for the Allied Powers＝ＳＣＡＰ）に任命されたアメリカ軍人ダグラス・マッカーサーが8月30日に神奈川県の厚木海軍飛行場に到着。その後、横浜の「ホテルニューグランド」に滞在し、降伏文書の調印式にアメリカ代表として立ち会ったあとに東京に入った。

そして、現在もマッカーサーのデスクが残されている皇居前の第一生命館内の執務室で占領施策を開始する。占領施策は多岐にわたるが、メディアにかかわる最も重要な施策の根本にあったものがＷＧＩＰだった。

ＷＧＩＰがつくったフェイク・メディアの温床

拙著『ＮＨＫ亡国論』（ベストセラーズ）でも触れたが、ＧＨＱとメディアの関係はＧＨＱの施策とＮＨＫ設立の関係で見ていくとわかりやすい。２０１７年にクローズアップされた放送法第４条を含む放送法とその根拠となる電波法は、戦後にＮＨＫ（その前身の社団法人日本放送協会は１９２６年の設立）を設立するためにＧＨＱが作成させた法律だからだ。

ＷＧＩＰ（War Guilt Information Program＝ウォー・ギルト・インフォメーション・プログラム）は日本人の意識改造活動のコンセプトである。ウォー・ギルトは「戦争罪悪感」を意味する。

アジア解放や列強からの独立のための大東亜戦争だったという日本人の先の大戦へのモチベーションと大義を取り除き、戦前の日本は悪そのものであるという意識を代わりに刷り込むことを目的とした。

『ＧＨＱの日本洗脳』（光文社）で山村明義《やまむらあきよし》は、〈ＧＨＱは、戦前からの諜報戦による心理研究などの結果、日本人の弱点は、「ソフトな洗脳」にあると見抜いていた〉と述べている。

ＷＧＩＰによる「思想による洗脳」、つまり「マインドコントロール」が施しやすいと見たと山村は続ける。

ＷＧＩＰは前述した『閉された言語空間』に初出する。実在については、いくつかの議論があったが、山村は同書のなかで、ＷＧＩＰの出発点は明快であるとし、次のように述べている。

昭和20年9月2日、ＧＨＱは指令第一号である「ＳＣＡＰＩＮ－1」の一般命令として、「各層の日本人に、彼らの敗北と戦争に関する罪」などを「周知徹底せしめること」を指令し、その後実際に日本人への「精神的非武装化」を実施していった。

ＳＣＡＰＩＮとはSupreme Commander for Allied Powers Instruction Note の略である。ＳＣＡＰ、つまりSupreme Commander for Allied Powers（連合国軍最高司令官）のマッカーサーから日本政府に対して出されるInstruction Note（訓令書）のことだ。

その指令の第1号がＷＧＩＰそのものだった。戦勝国、つまりアメリカが真っ先に実現したかったのは、大戦の物理的かつ道徳的責任を全面的に日本に押しつけることである。広島と長崎への原爆投下によって30万人を超える非戦闘員が瞬時に殺傷されてから1カ月もたっていない。

昭和23年３月３日の内部の覚書では、マッカーサー最高司令官からＣＩＥの（引用者注＝カーミット・Ｒ・）ダイク局長に宛てたＧＨＱ文書に、「ＷＧＩＰ」の原題が明記されていた。つまり、「ＷＧＩＰ」が実在していたということは、米側の資料によって証明出来るわけである。（前掲書）

ＣＩＥはCivil Information and Educational Section（民間情報教育局）の略で、ＧＨＱの部局の一つである。メディアをはじめとする文化的分野における占領施策を担当した。戦後のＮＨＫに強くかかわったのは、このＣＩＥである。

ＮＨＫ設立の裏に隠された闇

ＮＨＫの公式ホームページ「ＮＨＫオンライン」に、拙著『ＮＨＫ亡国論』で指摘したことだが「ＮＨＫの沿革と放送史」というページがある。

こう記載されている。1945年8月の〈終戦の勅令を録音放送〉のあと、何も記載がないまま5年間飛んで、1950年6月の〈社団法人日本放送協会を解散、放送法に基づく特殊法人 日本放送協会設立〉、つまり、いまのNHKの誕生となっている。

この何も書かれていない5年間に戦後日本の「閉された言語空間」の核心があり、フェイク・メディアの活動根拠があり、かつこの5年間に吹き荒れたものこそ、おそらく戦後最大のフェイク・メディアの大嵐だった。

NHK誕生までのこの空白の5年間の経緯については、同じく山村の『GHQの日本洗脳』にくわしい。若干の詳細補足を行いながら、時系列で整理させていただく。

◎1945年9月……GHQ、東京・内幸町《うちさいわいちょう》にあったNHKの放送会館ビルを接収。その4階にCIEが陣取る。NHKに対して、番組内容のみならず、アナウンサーのしゃべり方、ニュース報道、教養番組のつくり方まで細かく指示を出したという。

◎同年12月9日……『眞相はかうだ』放送開始。反軍国主義を刷り込むためのプロパガンダを放送する。制作を命令したダイク局長は、「日本国民自身にも、軍国主義時代を許し、あるいは積極的に支持したという〝共同の責任〟があることを示す」と覚書を残している。ちなみにこれは、「軍事的に戦争に参加していない一般国民の責任は問えない」とする国際法に明らかに違反する。『眞相はかうだ』は、純然たるＮＨＫ制作であるかのように偽装されていた。後にＧＨＱ指導のもとの宣伝番組であることがわかり、ＮＨＫに対して抗議が殺到したという。

◎同年12月11日……ＧＨＱ内部組織であるＣＣＳ（民間通信局）から「日本放送協会の再組織」の覚書（「ハンナー・メモ」）が出され、ＮＨＫは、独占的にラジオ放送を行うべく関係と調整を図るよう指示を受ける。

◎１９４６年１月……ハンナー・メモに基づきＮＨＫと国民代表者がその管理・運営に発言権を持つ公共機関「放送委員会」を社内に結成。独占的放送局成立のためのアリバイともいえる組織で、メンバーはＣＩＥの意向をもって選出。

◎同年10月……ＣＣＳが、日本国憲法の公布を契機に「放送法制の見直し」を行うよう、日本政府に指示を出す。

◎１９４７年６月……臨時法令審議委員会、「日本放送協会法案」を作成。会長・副会長の任免、聴取料額、聴取規約などの認可権をすべて逓信《ていしん》（当時の郵便・通信の管轄省）大臣が握るとした。聴取料とは、ラジオ放送受信設備設置許可免許の発行に基づき徴収される料金であり、現在の放送受信料とは異なる。

◎同年7月……逓信省、「放送事業法案」を作成。社団法人日本放送協会に代えて、政府が全額出資する公法人を設立し、ラジオ放送を独占するというもの。CCSが、一部の人間が出資する社団法人の放送独占は好ましくないとして、前述「日本放送協会法案」に難色を示したため。あくまでその目的は放送の一団体独占にあったことがわかる。

◎同年8月……CCSが「日本の放送に関する政策の実施」文書（「ハウギ文書」）を作成。社団法人日本放送協会を組織変更したうえでのラジオ独占、ラジオ以外の放送の民営許可、行政府から独立した監督機関（委員会）の設立などを骨子とした「放送基本法」制定を提言。

◎同年10月……逓信省とNHKに対してCCSがハウギ文書をもとに、GHQ内部で調整した、将来定められるべき関係法規の根本原則を示唆（後に文書化され、「ファイスナー・メモ」と呼ばれる）。米国本国の「連邦通信委員会」（FCC）の理念をもとにした理想追求型の文書であり、放送の自由と不偏不党、公共機関と民営方式の放送の適当性、政府・企業の圧力排除のための聴取料による公共機関運営などについて書かれている。

◎1948年6月……逓信省の最初の放送法案、CCSの了解を経て閣議決定、国会に提出。会期不足のため継続審議。
◎1949年3月……逓信省が、新・放送法案を作成するも国会提出見送り。
◎同年5月……NHK「放送委員会」が、活動停滞によりGHQの承認を受けて解散。
◎同年10月……GHQが、NHKの放送検閲をすべて廃止すると口頭伝達。
◎同年12月……GHQとの調整を経て、放送法案を含む電波三法を閣議決定、国会提出。
◎1950年4月……「電波三法」可決。5月公布。
◎同年6月……電波三法施行。すなわち、放送法施行。放送法に基づき、「特殊法人日本放送協会」＝現在の「NHK」設立。

以上がNHKが敗戦前の日本放送協会を母体としながら、完全にリセットされ、アメリカ占領軍によって設立された経緯である。GHQはWGIPにのっとってドキュメンタリーに見せかけたドラマ『眞相はかうだ』をはじめとするラジオ放送を、日本人を自虐史観に導くための洗脳装置として利用した。占領のための大規模フェイク・ニュースである。この施策を遂行するためにも、将来にわたって、ラジオ放送局は1団体独占のほうが好ましいと当初は考えられていた。

それが、右記時系列の1947年8月のハウギ文書あたりから少々様子が変わってくる。

「アメリカの正義」がゆがめた言語空間

アメリカは民主主義の国であり、言論の自由を謳う国である。この根本から外れると大統領は再選できない。

たとえ占領施策であっても、言論統制を主導しているという事実が明るみに出れば、議会は追及する。「独立した監督機関の設立」などが叫ばれ始めるのは、時のハリー・

Ｓ・トルーマン政権がアメリカ本国の世論を意識した結果であろう。

大戦の勝利は、アメリカにとってはあくまでも「アメリカの正義」の勝利である。合衆国憲法修正第1条に謳われている「信教、言論、出版、集会の自由、請願権」にのっとって、占領もまた行われなければならなかった。

しかし、これはリアルな占領の現場と明らかに矛盾する。終戦後の日本政府に対する指令第1号「ＳＣＡＰＩＮ－1」の内容はＷＧＩＰであって、これに成功しなければ、占領は失敗に終わるとされていた。その方法論が「洗脳」である以上、言論統制は必要不可欠である。

この矛盾のごまかし方が「悪質」だった。矛盾を覆い隠すために、アメリカは偽善的なダブルスタンダードを展開した。このダブルスタンダードが、いまもまだ日本が「閉された言語空間」にある原因である。

「自主規制」と「自主検閲」を強いたGHQ

1945年9月19日、GHQは「SCAPIN-33」を発動する。新聞に対するプレスコード、つまり報道ルールの通達である。その3日後には「SCAPIN-43」でラジオコードが通達された。その後、1946年末まで拡充されていったコードがどんなものだったかは、江藤が『閉された言語空間』のなかで明らかにしている。次の30項目が禁止された。

SCAP――連合国軍最高司令官（司令部）に対する批判、極東軍事裁判批判、SCAPが憲法を起草したことに対する批判、検閲制度への言及、合衆国に対する批判、ロシアに対する批判、イギリスに対する批判、朝鮮人に対する批判、中国に対する批判、他の連合国に対する批判、連合国一般に対する批判、満州における日本人取扱についての批判、連合国の戦前の政策に対する批判、第三次世界大戦への言及、ソ連対西側諸国の「冷戦」に関する言及、戦争擁護の宣伝、神国日本の宣伝、軍国主義の宣伝、ナショナリズムの宣伝、大東亜共栄圏の宣伝、その他の宣伝、戦争犯罪人の正当化および擁護、占領軍兵士と日本女性との交渉、闇市の状況、占領軍軍隊に対する批判、飢餓の誇張、暴力と不穏の行動の煽動、虚偽の報道、SCAPまたは地方軍政部に対する不適切な言及、解禁されていない報道の公表（項目のみ抜粋）

これを見て驚くべきことは、占領終了後70年を経た現在にして、いまだにこのコードを日本のメディアないし一部の思想勢力が守り続けている事実である。本章の冒頭で触れた私の知人の民放幹部の言葉、「答えは簡単です。われわれの現場も含めて、いまも『閉された言語空間』のままだからですよ」の具体的な意味がこれである。

では、なぜいまもコードが守られているのか。それはGHQが取った巧妙な作戦にある。

コードの通達で、GHQは新聞報道、ニュース放送、教育番組、娯楽番組、商業放送番組に対する規制を構築し、WGIP浸透の下地をつくった。そして、その次にGHQが行ったのは各メディアに対する検閲の「廃止」通達である。

ＧＨＱの検閲廃止通達は決して言論や表現の自由を意味しない。検閲廃止通達は事前検閲を暗黙の事後検閲に移行するという通達にすぎなかった。事前検閲よりはるかに質の悪い、あらかじめの自主規制や自主検閲を日本のメディアに強いたのである。

ＷＧＩＰ遂行のために改組されたＮＨＫ

ＮＨＫに対しても同様の手順が取られている。洗脳放送のための放送局をＧＨＱが欲していたことは１９４５年12月のハンナー・メモを見れば明らかで、ＮＨＫは否応なくその役割を担うはずだった。

しかし、アメリカはその方法論をストレートに許す国ではない。行政から独立した監督組織「連邦通信委員会」（ＦＣＣ）は現在もアメリカの誇りなのだが、それは言論の自由を謳いながら、しかし通信や放送には規制もまた必要であるというジレンマをアメリカ型民主主義で解決したとされている組織だからである。これを日本に入れる必要があった。

じつは、ＧＨＱは当初から「放送委員会」にこだわっている。紆余曲折があり、とくに１９４７年にまとめられたファイスナー・メモは日本に新規の放送体制をつくろうとする純粋な情熱や無邪気さによって書かれた節がある。メモ作成の中心人物だったクリントン・Ａ・ファイスナーは、のちにできあがった日本の放送体制に対して、「こんなものを私はつくろうとしたのではない」と感想を述べたとも伝えられている。

ファイスナー・メモに見られるアメリカが健全とする放送体制構築のための日本政府への提言または指示は、明らかにＷＧＩＰを遂行するための本国アメリカの世論に対するアリバイである。洗脳装置たるフェイク・メディアは、どうしてもつくらなければならなかった。

放送法可決前の国会審議や公聴会では、ＮＨＫに対する所得税や法人税の免除その他の優遇、受信料の独占、第一・第二の複数電波帯の保有などが問題視された。つまり、放送法というものがＮＨＫという特殊法人を設立するためにつくられた法律であることは明らかである。

現在のＮＨＫの設立の前年の１９４９年に、ＧＨＱはＮＨＫに対する放送検閲をすべて廃止すると口頭伝達している。これもまた、前述したとおり、用意周到な、事前検閲よりはるかに悪質な自主規制や自主検閲の強制にすぎない。放送検閲廃止の通達をもって洗脳装置たるフェイク・メディアは完成したのだ。

GHQに強いられたその自主規制や自主検閲が現在にいたるまで続いている。山村はこんなケースを例として挙げている。

NHKの看板番組である紅白歌合戦では、「昭和の歌姫」と呼ばれ、平成25年11月に亡くなった歌手・島倉千代子の「東京だョおっ母さん」を選ばず、普段の番組でも靖國神社のある九段に行く歌詞のある二番を彼女が亡くなるまで歌わせなかったという。(『GHQの日本洗脳』)

NHKはWGIPを遂行すべく改組された組織であり、いまもWGIPを遂行し続けている。端的にそれを示す例として、皇室報道のあり方がある。先にも触れた言葉使いの問題は歴史を破綻させるものだ。歴史の破綻とは、その国の弱体化にほかならない。

なぜ、皇族は敬称ではなく「さま」と呼ばれるのか

ここまで述べてきたように、とくに情報戦略において、アメリカはきわめて用意周到である。しかし、私の知る限り、GHQが皇室関係の用語について日本政府に訓令を出した記録は見当たらない。天皇という存在が日本人にとってどのようなものであるか、GHQには正確に理解ができなかったからだと思う。

GHQからの直接の訓令はなかった。しかし、国内では1947年8月に宮内当局と報道関係とのあいだで皇室報道における用語についての「基本的了解」が行われたという。〈天皇は、日本国の象徴であり日本国民統合の象徴であつて、この地位は、主権の存する日本国民の総意に基く〉と第1章第1条で定めた日本国憲法が施行された約3カ月後の話である。

「基本的了解」の全容は、じつはつかめていない。1952年4月14日、サンフランシスコ講和条約発効の2週間前に国語審議会会長の土岐善麿《ときぜんまろ》が天野貞祐《あまのていゆう》文部大臣宛てに「これからの敬語（建議）」を提出した。その11「皇室用語」の項から、ごく一部の内容

紹介とともに、主権回復直後の1952年8月、「基本的了解」がすでに5年前になされていたということがようやくわかるのである。文化庁のホームページから引用する。

これまで、皇室に関する敬語として、特別にむずかしい漢語が多く使われてきたが、これからは、普通のことばの範囲内で最上級の敬語を使うということに、昭和22年8月、当時の宮内当局と報道関係との間に基本的了解が成り立っていた。その具体的な用例は、たとえば、

「玉体・聖体」は「おからだ」

「天顔・龍（りゅう）顔」は「お顔」

「宝算・聖寿」は「お年・ご年齢」

「叡（えい）慮・聖旨・宸襟（しんきん）・懿（い）旨」は「おぼしめし・お考え」などの類である。その後、国会開会式における「勅語」は「おことば」となり、ご自称の「朕」は「わたくし」となったが、これを今日の報道上の用例について見ても、すでに第6項で述べた「れる・られる」の型または「お――になる」「ご――になる」

の型をとって、平明・簡素なこれからの敬語の目標を示している。

第6項とは、例えば「お書きあそばす」といった言い回しは廃れていくだろうといったことについて触れた項である。

土岐は国語審議会会長を務め、ローマ字運動やエスペラントの普及にも尽力した国語学者であり、歌人である。評論家の福田恆存《ふくだつねあり》が國語論争においてことごとく対立した相手でもある。福田は土岐らが推進する國語國字改革を痛烈に批判し、現代かなづかいおよび当用漢字の不合理を指摘し続けた。

このことについて、旧皇族竹田《たけだ》家の竹田恒泰《つねやす》がツイッターで言及したことがある。2014年6月8日に桂宮宜仁《かつらのみやよしひと》親王殿下が薨去《こうきょ》されたことにまつわるツイートである。

産経を除く報道機関が「薨去」を使わずに「逝去」を使う理由は、昭和22年に宮内庁と報道機関との間で、皇室への敬語について「普通の言葉の範囲で最上級の敬語を使う」との了解が成立したから。以来、皇室に使う特殊な敬語は使用されなくなった。

占領中の了解がいまだに報道機関を縛っているのだ。

皇族の方々をお呼びするときに「～さま」を使う習慣は上皇后陛下の御成婚（1959年）あたりから定着したらしい。天皇と三后《さんこう》（皇后、皇太后、太皇太后）については「陛下」、皇太子以下の皇族については「殿下」を使うのが普通だが、テレビ放送はそれを拒む。

戦前にも報道で稀に「さま」が使われたケースがある。しかし、これはご幼少の皇族のかわいらしさを強調する演出語だった。

「さま」に対するNHKの公式見解

こうした言葉使いについてのNHKの公式な見解は次のとおりである。

皇室への敬語については、昭和22年に、宮内庁と報道機関との間で「これからは普通の言葉の範囲内で最上級の敬語を使う」ことで、基本的な了解が成立しています。また、昭和27年の国語審議会の「これからの敬語」という答申にも同様の考え方が盛り込まれ、これがマスコミの基本方針となって現在も続いています。

ただ、戦後半世紀を過ぎ、日本人の敬語に対する考え方、皇室報道が大きく変化してきていることを踏まえ、ＮＨＫは皇室への敬語については、できるだけ平易で簡潔であることを基本的な考え方として、親しみのある敬語を使用しています。

使用にあたっては、敬称も含めて、耳から入るメディアの特性を考慮し、耳障りでない、違和感のない表現になるように心がけています。具体的には、ニュースなどでは、皇族の方々への敬称は、原則として、「さま」を使っています。

視聴者コールセンターに問い合わせると返ってくるというマニュアル化した説明である。「占領下（昭和22年）の言論統制を遵守している」とはっきり言っている。

１９４８年にＧＨＱは全新聞16社および通信３社に対して事前検閲を廃止し、事後検閲に移行した。同様の対応をＮＨＫに対して行ったのが翌年である。先のＮＨＫコールセンターの見解にある1947年といえば、全メディアともGHQから強く事前検閲を受けていた時期だ。

そういった時期に交わされた「宮内当局と報道関係とのあいだの基本的了解」がGHQの意向、つまりWGIPを基本コンセプトとした言論統制を反映していないはずがない。NHKの皇室に対する言葉使い、ならびにそれに沿う各メディアの言葉使いは、歴史を曲げて皇室の権威を貶めるフェイクである。

天皇陛下を国会に「お迎えする」の嘘

そして、国会開催に関するNHKの報道は「報道しない自由」を行使したフェイク・ニュースである。NHKは国会の開会式を決して放送しない。

日本国憲法第7条に〈天皇は、内閣の助言と承認により、国民のために、左の国事に関する行為を行ふ〉とあり、その二、天皇が行う国事行為として〈国会を召集すること〉がある。国会の召集は天皇陛下が担う国事行為だ。

国民のために天皇陛下が召集する国会の、前述した「これからの敬語」でいうところの「おことば」、つまり勅語が述べられる開会式は議会制民主主義国家にとって最も重要な国事である。

ＮＨＫが国会開会式を放送しない理由は明らかだ。開会式のあの荘厳な風景、天皇陛下を中心とする規律にあふれた整然さを国民に知らせることを危険としているからである。これはＧＨＱのコードにある「神国日本の宣伝」禁止に抵触する。

そして、ＮＨＫは国会開催に関するテレビニュースで、こんなアナウンスメントを流すのである。

「午後1時には天皇陛下をお迎えして臨時国会が開かれます」

国会は天皇陛下をお迎えして開かれるものではない。天皇陛下が召集して開かれるものである。

この「お迎えして」という言い方は、ＮＨＫに限らず、ほかのメディア、また思想信条を問わず各個人のあいだで広く使われているが、フェイク・ニュースだということをあらためて認識する必要がある。

「朝ドラ」が描いた太平洋戦争暗黒史観

台湾の女性メディア学者の黄馨儀《ファンシンイ》がNHK連続テレビ小説、いわゆる「朝ドラ」について行った非常に興味深い調査と分析がある。日本マス・コミュニケーション学会の2013年秋季研究発表会で発表された論文『テレビドラマにおける戦争描写と戦時の女性表象-NHK朝の連続テレビ小説を例に』で、黄馨儀は各朝ドラ作品の共通項として、「米軍によるB-29」と「昭和天皇による玉音放送」の表現の一致が目立つとしている。

黄馨儀はまず、朝ドラ第1回放送があった1961年から該当研究を実施した2012年までを5つの時期に分け、各時期の〈戦争要素を用いる量的変化〉を整理している。つまり、各時期の朝ドラ作品全体における戦争表現の量の割合の推移は次のようになっている。

◎第1期=1961〜74年……42%
◎第2期=1975〜88年……83%

◎第3期＝1989～99年……20％
◎第4期＝2000～10年……25％
◎第5期＝2011～12年……60％

第2期の1975～88年の作品に戦争表現が集中していることがわかる。第3期の1989～99年に割合が激減しているその理由は、1986年に施行された「男女雇用機会均等法」が象徴する。

すでに前時期から始まっていたことだが、この頃に世間でさかんに叫ばれたのが「女性の自立」だった。1989年、朝ドラにはヒロインに清水美砂《しみずみさ》（現清水美沙）、その母にいしだあゆみを配した『青春家族』という画期的作品が登場する。

1966年の『おはなはん』以来、現代以前の時代の女一代記が定着していた朝ドラに、戦後現代を舞台とするドラマが登場するそのさきがけが『青春家族』だった。このタイトルに象徴されるように、これ以降の朝ドラは現代の「家族」を描く作品が増えていく。

ここに見られるように、朝ドラは時代の要請をビビッドに反映する。これは朝ドラの毎日15分、半年間（１９７４年までは1年間）という放送および制作体制が関係する。放送を追いかけて撮影が行われるため、脚本が視聴者からの便りないしクレームによって変わることが頻繁にあったことは、『グラフＮＨＫ』（ＮＨＫ広報誌。現『ＮＨＫウイークリーステラ』）にたびたび掲載された脚本家インタビューでわかる。

反戦傾向の強い１９７０〜80年代の「朝ドラ」

黄馨儀は分析対象作品をほぼ10年おきにピックアップした。１９６６年の『おはなはん』、１９７６年の『雲のじゅうたん』、１９８３年の『おしん』、１９９７年の『あぐり』、２００６年の『純情きらり』、２０１１年の『おひさま』と『カーネーション』である。

そして、各作品すべてに共通する特徴として次の4点を指摘している。

◎男性兵士による戦場シーンは登場しない。
◎出征を見送るシーンが必ず登場する。
◎空襲と疎開のシーンが必ず登場する。
◎8月15日の昭和天皇玉音放送が必ず登場する（ナレーションによる表現を含む）。

つまり、朝ドラにおいては、日本国内にあって戦争を見守る女性の日々というかたちで戦争は表現される。

私はここで「昭和天皇玉音放送が必ず登場する」ことに強く興味を覚える。戦争が終了したことを示すには格好のモチーフであり、これ以外のモチーフを見つけることは難しいということは制作する側の立場として当然あるだろう。

しかし、玉音放送が「終了」の表現として用いられることで、見る側は「ここで何かが変わった」という印象を強く受けることは間違いないだろう。ドラマのうえで、安堵《あんど》にせよ、悲しみにせよ、怒りにせよ、8月15日を起点にして強化されるか、あるいはがらりと変わるのである。

日本国憲法を学術的な法的根拠で裏づける学説に「八月革命説」というものがある。東京帝国大学憲法研究委員に就任した政治学者の丸山眞男《まるやままさお》が委員会で提示した説を、委員長で憲法学者の宮澤俊義《みやざわとしよし》が丸山の承諾を得たうえで「八月革命と国民主権主義」と題して『世界文化』に論文発表したものとされている。

「八月革命説」は「革命」の観点から、日本国憲法は次のように正当な成立的根拠を持つとする。

◎ポツダム宣言受諾は天皇による国民への主権の移譲の同意と承認である。
◎したがって、ポツダム宣言受諾時点で国民主権と矛盾するため、大日本帝国憲法は効力を失う。
◎これは法的意味の「革命」である。
◎したがって、新憲法は主権者となった国民が新たに制定した憲法となる。
◎旧憲法による改正手続きは形式的な意味のみ持つ。

「革命」という言葉のイメージは強い。しかし、同時代の人々には戦前から引き続いた変わらぬ暮らしの日々というものがあり、何かが大きく変わったなどという感覚はなかったに違いない。

「八月革命説」は左派勢力が「戦前の日本は〝悪〟かった。国民主権と日本国憲法によって戦後の日本は〝良〟くなった」ことを主張するときの根拠としてよく使う。この感覚が現在、一般的に広く蔓延しているわけだが、８月15日を境に「日本は変わった、生まれ変わった」とする感覚（また、その事実も）は終戦直後にはなく、むしろこれら朝ドラなどのテレビドラマ、あるいは映画作品や小説などを通して戦後世代の多くの人々の頭のなかに「新たに」醸成されていったものだろう。

そして、黄馨儀の分析から、１９７０〜80年代の作品が、とくに強い反戦傾向を示していることがわかってくる。

なぜか太平洋戦争を語り始める「朝ドラ」ヒロイン

「戦争表現」の観点から見た各作品の分析は次のとおりである。

『おはなはん』（1966年）

戦時中、息子の身代わりになり、一家の大黒柱となったはなの行動を通して見られた女性の戦時中の役割は、「守ること」と「待つこと」である。つまり、男性が果たすべき責任を女性が行うという「銃後の守り」であった。なお、ヒロインの戦争観については、玉音放送を聞いたはなの反応は、（中略）「戦争はね、終わったのよ。日本はね、負けたよ。」という中立的で、理性的な語りであるため、好戦と反戦のどちらでもないと考えられる。（前掲論文より）

『雲のじゅうたん』（1976年）

日本初の女性パイロットを目指すヒロイン・真琴《まこと》を描くドラマである。

「真琴は我が子を失い、飛行機を失い、大空への夢を断たれたのです。真琴は歴史をうらみました。人類の夢であった飛行機を殺人の兵器に変えてしまった歴史を恨んだのです。」という説明から、『雲のじゅうたん』のヒロインは、当初自分の夢を叶《かな》えてくれると思い、息子を飛行士の訓練に笑顔で送り出したが、戦争の激化によって、戦地に向かう息子の命が取られ、戦争嫌悪になったという立場が明確となった。（前掲）

『おしん』（1983年）

おしんは、小さい頃から逃走兵の俊作の影響で、反戦意識を持っていた。（中略）子供（引用者注＝雄《ゆう》）の教育のためやむを得ず、戦争協力の商売を始めた。（中略）雄は軍に召集され、おしんは自分が戦争を反対する立場を貫かなかったことを後悔した。ナレーションは、「言葉にならない深い後悔がおしんの胸を押し潰せ《（ママ）》ていた。一人で戦争を反対してもどうにもならないことはよく分かっていた。それでも、反対しなかった自分をおしんは責めていた。」と、おしんの心境を説明した。（中略）反戦思想を持つおしんは、決して戦時中のプロパガンダによく見られる「愛国の母」ではなかった。しかし、朝ドラの戦時下の女性は、頼もしい母と耐える女の範疇《はんちゅう》から離れず、「銃後の守り」という戦時下の女性表象を忠実に反映した。（前掲）

『あぐり』（1997年）

作家・吉行淳之介《よしゆきじゅんのすけ》の母で美容家として知られる吉行あぐりの実話エッセイが原作。

戦局が厳しくなると、店に重宝《（ママ）》されているパーマネント機も、軍の命令により供出することになった上に、美容院の営業停止により、店が取り壊されたが、あぐりは旧来の朝ドラのヒロインよりも事実を冷静に受け止め、国や戦争に対する恨みは一つも零《こぼ》さなかった。（中略）息子の淳之介の出征も、これまでの朝ドラでは見られない場面である。息子の淳之介は出征時、あぐりの「淳、覚悟は出来ているの?」という質問に、「覚悟なんて出来てませんね」、「出来れば軍隊は行きたくないよ」と答える。従来の、男性が「好戦的」、女性が「反戦的」という構図とは異なり、『あぐり』では、男性が反戦的、女性が戦争に無意見という描写となっている。さらに、あぐりが息子を戦争に送り出すシーンでは、（中略）「無理しないでね」と心配しているが、笑顔という表現は従来の朝ドラとまた違う表現である。（前掲）

『純情きらり』（2006年）

ヒロインの戦争に対する考えについて、80年代のヒロインのように、戦争を痛恨する口調ではないが、（中略）桜子《さくらこ》は「私が子供たちに教えてあげたいのは、音楽だけじゃありません。（中略）私は二年前、戦地で婚約者をなくしました。辛《つら》い時もあったけど、いつも音楽が私を支えてくれました。戦争に喜んで行けと、子供たちに勧めることはできません。」という発言があった。『純情きらり』のヒロインは、戦争に強く反対するとは言えないが、戦争に賛成する立場ではなかった。（前掲）

『おひさま』（2011年）

やがて、終戦を宣告する「玉音放送」が流れ、（中略）陽子《ようこ》の気持ちは複雑なものであった。走馬灯のように戦時中の回想シーンが流れ、「体が理解できなかったのよ、戦争が終わるという事。しかも、負けたということが。だって、私が物心ついてから、日本はずっと勝ち続けて戦争していたんだもの。」と語り、日本が負けたという事実を受け止められなかった。この作品で見られたのは、戦時中の女性の戦争協力であり、昔の朝ドラのヒロインが戦争の正当性を疑い、戦争に対する嫌悪感を露《あら》わにするような反戦の立場とは相反する。（前掲）

『カーネーション』（2011年）

ファッションデザイナーとして活躍するコシノヒロコ、ジュンコ、ミチコの3姉妹を育て上げた小篠綾子《こしのあやこ》の生涯を描く。

しかし、戦争が進むにつれ、糸子《いとこ》は戦争嫌悪になっていく。（中略）愛国婦人会の婦人たちは、出征になった勝《まさる》のミシンの供出を要求したが、糸子は激しく抵抗した。糸子は「戦争から帰ってきたときに、あれがなかったら主人は仕事がでけへんようになります！」という考えに、婦人たちは「死んでお国の役に立ってこそ、旦那さんの値打ちちゅうもんです！」と言い返し、激怒した糸子は彼女らを追返した。糸子と愛国婦人とは正反対な立場にいるという描写は、本作のヒロインの戦争嫌悪の立場を際立たせている。（前掲）

黄馨儀は、〈最も共通している映像表現は、「玉音放送」のシーンである。『雲のじゅうたん』と『純情きらり』は、ドキュメンタリー式の映像が流され、ナレーションによる玉音放送の説明があったほか、ほぼすべての作品の登場人物は正座し、ラジオに向かって、天皇の御声を聞く設定となっていた〉としている。

そして、朝ドラを通して眺めたときの「反戦」「反戦でない」の表現別の時代的流れは次のようになる。

◎１９６０年代……中立
◎１９７０年代……反戦

◎1980年代……反戦
◎1990年代……どちらでもない
◎2000年代……反戦
◎2011年（同論文研究当時）……「反戦」「反戦でない」共存

以上は黄馨儀の指摘だが、武漢コロナウイルスのパンデミックがなければ東京オリンピックが開催される予定だった2020年前半に放送された朝ドラの『エール』にも奇妙でおかしい描写が多かった。戦前戦後を通して活躍した昭和の大作曲家、古関裕而《こせきゆうじ》と妻金子《きんこ》を描いたノンフクション的なドラマだが、戦争に関連する描写になるとたちまち脚本が捻じ曲げられ、不細工で事実に反する内容が多かった。

登場人物の実家が陸軍に馬具を収める仕事もしているが、まるで悪事に手を染めたように描かれる。軍に馬具を収めるなら非常に名誉なことなのに、そんな真実が歪曲されて削除される。古関裕而は多くの軍歌や戦時歌謡も作曲したが、それがネガティブに描かれたら本人も浮かばれまい。これは、朝ドラだけでなく、最近の日本映画やTVドラマの脚本の劣化そのものだ。日本学術会議の無知と無教養に通じるものがある。

これを、２０１７年5月に産経・ＦＮＮが実施した「憲法９条に自衛隊の存在を明記するとした安倍首相の提案について」の結果に照らして合わせてみると、おもしろいことがわかる。

女性たちに支えられる反戦思想

２０１７年5月15日、産経新聞は次の記事を掲載した。

自衛隊の憲法明記「賛成」は「男高女低」の傾向　高齢になるにつれて反対が増加

産経新聞社とＦＮＮ（フジニュースネットワーク）が13、14両日に実施した合同世論調査では、憲法９条に自衛隊の存在を明記するとした安倍首相の提案について、男性は63・４％が賛成し、反対の32・２％を大きく上回った。女性は賛成が47・９％にとどまり、「男高女低」の傾向が浮き彫りになった。

世代別では、若い世代に賛成派が目立ち、高齢層になるにつれて反対論が増えていた。男性の賛成は30代が74・7％で最も多く、10・20代の66・7％が続いた。女性の10・20代も64・7％に達した。50代女性は賛成が43・1％で反対は41・7％だった。60代以上も賛成（42・9％）と反対（42・0％）が拮抗した。

記事に添えられた調査結果を性別、年代別に自衛隊の憲法明記「反対」の部分だけを整理すると次のようになる。

◎男性

10・20代……29・2％
30代……24・0％
40代……31・5％
50代……35・6％
60代以上……36・0％

◎女性
10・20代……30・９％
30代……38・９％
40代……38・８％
50代……41・７％
60代以上……42・０％

これは前項で述べた朝ドラの「反戦」「反戦でない」の表現別の時代的流れと一致する。朝ドラの表現がおしなべて反戦傾向にあった１９７０～80年代の視聴者のボリュームゾーンが現在の50～60代である。

１９７０～80年代は、もちろん学生運動のピークがあり、反戦映画ブームがあり、ヒッピーブームがあり、フォークブームがあり、ベトナム戦争という現実があり、世情の意識はほぼ反戦一色だった。朝ドラの表現傾向も、もちろんそれを汲《く》み取っての結果である。

現在の安保法制反対、集団的自衛権反対、憲法改正反対のオピニオンならびに政治的運動を下支えしているのは、まさにこの時代の精神残滓《ざんし》であり、とくにこの時代の女性たちが強く支えていることは、状況からも、数字の結果からも明らかである。そして、そこにはテレビが強力に介在する。

メディアにはこういった装置としての成功体験があり、その成功体験こそがGHQが敷いたWGIPのプラットフォームの上で展開されたものである。そして、それ以外のプラットフォームを現代日本のメディアは知らず、プラットフォームを変える自信も能力もなく、結果としてフェイク・メディアとして存在し続ける。

WGIPは明らかに日本の国力を弱体化するための歴史改竄プログラムであり、したがってフェイク・メディアは日本の歴史を改竄、捏造し続け、日本弱体化の使命を果たし続けているのだ。

それでも日本人がアメリカによって変えられることはない

では、このまま日本はフェイク・メディアにやられてしまうのだろうか。これについては国際政治学者ヘンリー・キッシンジャーの興味深い示唆がある。

２０１５年１月３日付読売新聞朝刊に〈語る戦後70年　日本の役割 熟慮の時〉という特集の第１弾として、キッシンジャーのインタビューが掲載されている。重要と思われる部分を引用する。

米国はこれまで、他国の政府を自分たちが作り替えられる、と信じてきた。だが、現在、そうした時代から脱却しつつある。我々は、日本とドイツの占領の経験を誤って分析していた。米国が日本を作り直したのではない。日本自身が、自らの伝統的な価値観の中で、新たな状況、国際秩序に適応したのだ。（中略）

日本は米国中心の連合国軍総司令部（ＧＨＱ）の権威を利用し、自らの力で国家の現代化を進め、復興を急いだ。（中略）こうした新たな環境への適応が、今やアジアの安定と、世界の平和と繁栄の礎となったといえる。

キッシンジャーは「アメリカは日本を変えようとしてきたが、日本がアメリカによって変わることはついになかった」と言っているのである。新年にあたってのご祝儀だといえないこともないが、キッシンジャーは、たしかに国々の、とくに日本の歴史と伝統や文化は非常に岩盤が固く、そうそう手を入れられるものではないということに気が付いた。

かつてキッシンジャーはリチャード・ニクソンとともに沖縄返還交渉で「日本が沖縄返還を求めるなら、核武装をして自立したらどうか」と佐藤栄作《さとうえいさく》総理に持ちかけた。ニクソン大統領は、じつは日本が敗戦後にアメリカの占領が解かれて独立した1年後の1953年に副大統領として初来日したとき、「日本に非武装の憲法を与えたことは間違いだった」と非常に重要な発言をした。ところが、この発言も報じられていない。

そんなニクソンよりキッシンジャーは非常に日本人が嫌いだった。ニクソン政権で大統領補佐官だったキッシンジャーは国務長官になったあとも日本の政治家への不信を露わにしていた。田中角栄《たなかかくえい》の退陣後に総理大臣に就任した三木武夫《みきたけお》が訪米したときも、ジェラルド・フォード大統領にこう言っている。

「日本人は何でも漏らします。信じられないくらい扱いづらい」（奥山俊宏《おくやまとしひろ》『秘密解除　ロッキード事件』岩波書店）

この言葉は佐藤、田中、三木と連続して３政権と外交の責任者として正面から対峙《たいじ》したキッシンジャーの偽らざる本音だった。したがって、佐藤が核武装を拒んで日本の自立を後回しにしたことで、日本の頭越しに北京に飛んで毛沢東《もうたくとう》と会談したのではないだろうか。ニクソンがウォーターゲート事件で辞任したあと、キッシンジャーは中国共産党をアジアのパートナーにしたのである。

そんなキッシンジャーが、つい最近のことであるにせよ、日本の価値に気づいたということなのだろう。だが、メディアはそれをはっきり認識することができない。とくに50年前の沖縄返還にあたって、ニクソンが日本の自立を促すために核武装をすすめたことを絶対に報じることができない。

アメリカの占領体制のなかから発達してきたフェイク・メディアは没落する以外になく、没落はすでに始まっている。昨今のテレビ視聴率の全体的な低下、新聞販売部数の低下は、それを如実に物語る。とくに新聞部数の低下が顕著となったのは日本新聞協会発表の公式データから2012年頃だということがわかる。それはちょうどメディアに騙《だま》された日本人がそれに気づいて、年末の総選挙で第2次安倍政権を誕生させた年だった。

現在では2015年のキッシンジャーの分析などは取るに足らず、前述したように、2017年にアメリカ大統領に就任したトランプから「フェイク・メディア」への批判が日常茶飯事となったのである。じつはアメリカも同じ問題を抱えているのである。

第5章

メディアに騙されない方法

レベルの低いプロパガンダにすぎないフェイク・ニュース

たんなる誤報をフェイク・ニュースとは呼ばない。人々を一定イデオロギーの傘下に置くことを目的に発信し、広められるニュースが「フェイク・ニュース」である。

フェイク・ニュースはプロパガンダであり、プロパガンダの範疇《はんちゅう》に含まれるその一部である。したがって、フェイク・ニュースは思想・政治活動だ。

2017年7月6日にTBSテレビの情報番組『ひるおび！』が謝罪した件は、現象として、じつは微妙である。

「2016年8月、小池百合子東京都知事が就任のあいさつをした際、自民党の川井重《しげ》勇《お》都議会議長（当時）が握手を拒否した」という報道は明らかに誤報だ。事実として間違っているからである。

TBSテレビおよび毎日新聞の反自民党イデオロギー体質（つまり反改憲体質）を知っているから、私たちはこれをフェイク・ニュースとして見る。ただし、数日でバレるような明らかな誤報を利用したフェイク・ニュースはクォリティーが大変低く、プロパガンダの方法論としてはありえない。

しかし、テレビにしろ、新聞にしろ、瞬間メディアであり、一瞬イデオロギー・イメージを与えることができてしまえばそれでいいから、プロパガンダの方法論としてはあまりにもレベルが低いと知っていても、メディア側は平気で行う。これはフェイク・メディア側の焦りと断末魔の露呈でもある。昔ならもっとうまくやった、うまくやれた、あるいはうまくやらなければならなかったということだ。

第2章で触れた、加計学園問題での前愛媛県知事の加戸守行の参考人陳述が「報道しない自由」をもって覆い隠されたフェイクも同様のことがいえるだろう。一連の参考人陳述はテレビ放送でも見ることができたし、ネット上のアーカイブで、いつでも、何度でも確認ができる。ネット上ではいわゆる「ツッコミ」が瞬時に入る。

現在、フェイク・メディアは「下手な鉄砲も数撃てば当たる」状態でフェイク・ニュースを乱発しているように見える。森友・加計学園問題が最も盛り上がりを見せたときの民放テレビのワイドショーがまさにその状態だった。

この乱発状態があったからこそ、２０１７年に「フェイク・ニュース」「フェイク・

メディア」という言葉も脚光を浴びた。しかし、「フェイク」はいまに始まったことではなく、今後なくなるものでもない。

問題はフェイク側が賢く立ち回ろうと心を入れ替えたときにどうするか、ということである。それがフェイク・ニュースであるかどうか、まず見きわめるにあたっては、じつはここでも第4章で触れた江藤淳の『閉された言語空間』が参考になる。

フェイク・ニュースを見きわめる14の条件

フェイク・ニュースは目的を持っているから、そこに敏感であれば見きわめはたやすい。この報道で誰が得をするのか、あるいは誰が傷つくのかがわかればいい。

そして、その試金石は、じつは75年も前にGHQが明らかにしてしまっている。第4章で触れたが、江藤が発掘した公文書をもとに『閉された言語空間』のなかに列挙した30の禁止項目のうちのおよそ半分、14の項目が現在に過不足なく通用する。

次のように整理してみた。この条件に当てはまるものが「フェイク・ニュース」である可能性が大きいといっていい。

◎「極東軍事裁判批判」となるのを避けている
◎「ＳＣＡＰが憲法を起草したことに対する批判」および、すなわち日本国憲法批判となるのを避けている
◎「合衆国に対する批判」となるのを避けている
◎「ロシアに対する批判」となるのを避けている
◎「イギリスに対する批判」となるのを避けている
◎「朝鮮人に対する批判」となるのを避けている
◎「中国に対する批判」となるのを避けている
◎「他の連合国に対する批判」となるのを避けている
◎「第三次世界大戦への言及」となるのを避けている
◎「戦争擁護の宣伝」となるのを避けている
◎「神国日本の宣伝」となるのを避けている

◎「軍国主義の宣伝」となるのを避けている
◎「ナショナリズムの宣伝」となるのを避けている
◎「大東亜共栄圏の宣伝」となるのを避けている

およそ、ここに現在の「フェイク・ニュース」の目的がすでに網羅されていることがわかるだろう。フェイク・メディアは右記のために「報道しない自由」を行使する。同時に、75年も前のコードがいまも通用してしまうこと、メディアがいまだに75年も前のコードを遵守していることに、あらためて愕然《がくぜん》とする。

右記のなかで、とくに「朝鮮人」「中国」（シナ）については、現在文庫版になっている拙著『「反日」の構造』『「反日」の正体』（ともに文芸社文庫）にくわしい。参考にしていただければと思う。

この「フェイク・ニュースを見きわめる」ための基本を押さえたうえで初めてネットをどう使うかという話になる。

長い記事より「短信」を中心に見る

報道されるニュースのうち、メインで打ち出されるものについては分析が簡単だ。情報量が多い分、そこに隠れた、あるいはあからさまな意味を取り出すための「行間」が多いからである。

私は国内外を含め、ニュースの入手やニュースソースの入手にネットを多用するが、いちばん活用するのは、メインはもちろんだが、とくに短信のニュースである。ウェブサイトであれば、ページの下におざなりに積み上げられてリストになっているような見出し群に並ぶニュースの群れである。

世の中の現実はニュースが見出しで分けられて積み上がっているようには決してできてはいない。それぞれの事象がバラバラに、別々に存在しているわけではないのである。およそすべてがつながっている。

メディアが介在すれば、当然、そこには編集の手が加わる。ニュースに価値の大小がつけられて並ぶ。価値を判断するのはメディアであって、すでにここにフェイクの芽はある。

いちばん重要なのは、情報をまず「フラット化」することである。大小をつけずに、ひとまずありのままに並べるということを「フラット化」と呼んでいるが、ネットはそれができる、初めて人間が手に入れた手段だろう。私が短信のニュースを重要に思い、また活用しているのは、これが理由である。

しかし、こういったことは、私がそれを職業の一つとしているからできることであって、それ以外の人々にはそんな作業に費やす時間などない。そこで、オピニオン・リーダーという存在が主宰するブログ、あるいはツイッター、フェイスブックといったSNSを活用することになる。

発信者が信頼できる人かどうかを見る

個別にこのブログがいい、この人のフェイスブックはフォローしておくべきだといったことはここではいわないが、前項で述べたように、まずはその主宰者が情報をフラット化したうえで発信している人かどうかを確認することが必要である。

それを確認するためにはコメント機能などを利用して、とにかく質問をすることをおすすめする。特別な作法などはいらない。ごく常識的な言葉使いがあればいい。

とはいえ、ＳＮＳでの書き込みに躊躇のある人も多い。そういう方は寄せられたコメント、それに対する返答をよく読んでみることで、ある程度は様子がつかめるだろう。どちらにせよ、話題になっているニュース、あるいはテーマについて短信ニュースを追究してみるなどの方法で、一度、自分で情報をフラットにしてみたうえで質問をする、読み込むということが必要だ。そうした結果から、その主宰者のタイムラインが読むに値するかどうかがつかめてくる。

これが情報の発信者と受信者のあいだの信頼というものである。右記が確認できれば、あとは情報のフラット化は、その主宰者たる専門家に任せておけばいいことになる。

しかし、それはそうとしても、オピニオン・リーダーないしＳＮＳの主宰者は一個の人間である。本来ならフラット化された情報を提供するプラットフォームがあり、個々の人々それぞれが、そこからみずからのオピニオンを生成するのが理想である。私は現在、このフラット・プラットフォームの構築を計画しているところだ。

「ポリティカル・コレクトネス」に傾倒していないかを見る

本章の冒頭でフェイク・ニュースの見きわめ方について述べ、およそ75年前のGHQのコードがそのまま通用することについて説明した。しかし、ここ10年ほどのあいだに追加された新たなコードがある。

通称PC、「ポリティカル・コレクトネス」というコードに基づくフェイク・ニュースだ。じつは、これは非常に深刻である。

ポリティカル・コレクトネスとは「政治的正当性」という意味だ。メディアを含む公共の場においては「人種、性別、文化、民族、年齢、宗教、政治指向、性癖などの違いによる偏見や差別を行ってはいけない」とするルールである。

ポリティカル・コレクトネスの始末が悪い点は、これによって「差別される側」に利益を生む事業の成立が可能となるため、強い存在意義を持ってしまっていることである。アメリカをはじめとする西洋諸国においては、とくにそれが顕著だ。

２０１６年に『The Rebel』というアメリカの保守系ネットメディアがピックアップ

して発表した「世界のリベラルが推進するPC運動のワーストテン」というものがある。ポリティカル・コレクトネスのもとで、どれほどバカバカしいことが行われているか、なかば茶化したベストテンである（引用者訳）。

①アメリカ・カリフォルニア大学の学生連盟はカナダと自国アメリカの国旗を大学のロビーに掲げることを禁止した。その理由は「国旗は愛国主義の象徴であり、ナショナリズムが利用する武器である」。
②ドイツはイスラム教徒を傷つけないよう、学食からポークソーセージを排除した。
③アメリカ・ミネソタ州のある小学校校長は他宗教の文化を脅かすという理由からクリスマスやバレンタインデーなどのキリスト教的な祝日を祝うことを禁止した。
④カナダのオタワ大学は「文化の盗用」にあたるとして無料のヨガクラスを禁止した。
⑤アメリカ・ミネソタ大学のＳＳＦＣ（日本でいえば大学生協にあたる）はテロリストをからかう風刺画はアラブ世界の住人への配慮に欠けると発表した。
⑥アメリカ・ニューヨークのレンセラー工科大学でイラク戦争に4度従軍した実在の

狙撃手の自伝映画『アメリカン・スナイパー』の学内上映がイスラム教徒の学生連盟の訴えで中止された。

⑦アメリカ・ワシントン州の幼稚園の女性の先生が男子園児にレゴで遊ぶことを禁止した。お遊びの時間に男子園児はレゴに、女子園児はお人形に飛びつく状況を見てジェンダー・イコーリティ（男女平等）を理由に、女子園児に強制的にレゴで遊ばせようとしたもの。

⑧アメリカ・シカゴのデポール大学は学生がチョークで歩道に政治的メッセージを落書きすることを禁止した。禁止のきっかけとなった落書きは「デポール大学を再び偉大に！」（トランプ大統領の発言のもじり）、「Blue Lives Matter（警官の命も大切に）」など。

⑨アメリカ・ミネソタ大学の学生たちは投票による多数決によって「イスラム撲滅」を引き起こすとして、9・11同時多発テロ被害者への黙祷《もくとう》中止を要求した。

⑩アメリカ・ニューヨーク・ブルックリンのある小学校の校長はサンタクロース、感謝祭、忠誠の誓い（アメリカの公式行事で暗唱される宣誓）を禁止した。「ダビデ

の星など特定の宗教を表している」という理由で星を表現することを禁止。天使も禁止した。

ケント・ギルバートと私の対談書『トランプ革命で甦《よみがえ》る日本』（イースト・プレス）でもくわしく話題にしているが、２０１６年にトランプが大統領選に勝利した背景の一つには、このポリティカル・コレクトネスの問題があった。アメリカ国民の多くがポリティカル・コレクトネスの息苦しさにほとほと嫌気が差していたところに、トランプの「言いたいことは言う」姿勢が支持を集めたのである。

ポリティカル・コレクトネスの対象として、「人種、性別、文化、民族、年齢、宗教、政治指向、性癖など」といった具合に分類したつもりになっているが、それらは現在、あらゆる分野での「弱者」というブラックホールのような言葉に集約されてしまっている。

例えば、２０１７年６月にこんな出来事があった。

バニラ・エア　車椅子客、自力でタラップ上る…昇降機なく

格安航空会社（ＬＣＣ）のバニラ・エアを利用した車椅子の男性が今月5日、奄美《あまみ》空港（鹿児島県奄美市）で搭乗する際、「階段昇降をできない人は搭乗できない」と説明され、階段式のタラップを腕の力だけで、はうようにして上らされていたことが分かった。同社は男性に謝罪し、奄美空港で車椅子利用者が搭乗できる設備を整える。

（毎日新聞、２０１７年6月28日ネット配信）

木島英登《きじまひでとう》という名のこの車椅子の男性は〈歩けない人は乗れないというなら、高齢者や赤ちゃんも駄目なのか。職員が自分たちのルールがおかしいと思っていないことに驚いた〉と言い、〈自分のような不幸な出来事が起きてほしくない〉と言ったと報道にある。結局、〈大阪府や国土交通省に相談〉した木島は、〈バニラ・エアの担当者からは「不快にさせて申し訳ない」と謝罪があり、今後の対応について説明を受け〉、ことは収まったという。

毎日新聞はこの件に関して、静岡県立大教授で国連障害者権利委員の石川准《いしかわじゅん》の〈歩けないことを搭乗拒否の理由とするのは、航空会社としてどんな法的環境（引用者注＝障害者差別解消法）にあるのか理解していない証しだ。ＬＣＣだからというのは理由にならない。民間事業者にも合理的配慮を義務づけるべきだ〉というコメントを掲載している。

新聞報道があった次の日、木島はネット局「Abema TV」の生放送に出演して次のように発言した。

まあ、自分がどういうふうに見られているかっていうのはわからないですけど、障害をもとに飯を食ってるとか言われても、まあ、実際、そうです。みなさん、容姿のきれいな人はモデルになったり、話がうまかったら芸人になったり、自分の個性を生かして仕事をしているだけなので、別にプロ障害者でもいいかなと思いますけど。
（Abema TV『AbemaPrime〝バニラ・エア騒動〟当事者・木島英登さんが生出演！真相を激白』２０１７年6月29日）

木島は「木島英登バリアフリー研究所」を経営し、報酬を取って講演を行うことを主事業としていた。自身の言うとおり、「プロ障害者」である。バニラ・エア側に法的問題は生じていない。

「障害者という弱者が障害者ということで航空会社から差別を受け、タラップを這《は》ってのぼらされるといった屈辱を受ける日本という国は、国連から批判を受けてもしかたのない人権無視の国である」という文脈を持つこの記事は、明らかにフェイク・ニュースである。

報道されない、安倍政権の世界史的レガシー

ポリティカル・コレクトネスは「弱者は必ず正義である」という客観的でない思い込みが前提にある。それと同時にその前提が特異なイデオロギーとして悪影響を与えている。「憲法9条を改正する」とか「皇位は男系で継承される」というような当たり前のテーマが、政治的イデオロギーによってあらかじめ忌避され、テーマとして成立するの

が難しくなる。国会で憲法審査会が審議拒否や妨害にあって、議論さえ封じられることは前述したとおりだ。

安倍政権の成果、遺産が輝かしいものでも、報道されない最大の理由はそこにある。平成18年（２００６）に戦後生まれ初の総理大臣に就任した安倍晋三は、その第一次政権と合わせて日本歴代最長の総理大臣任期を終え、令和元年（２０２０）９月16日に総理大臣を辞職した。ところが、そんな安倍晋三や安倍政権への客観的な評価をわが国ではなかなか見ることができない。新聞は比較的に検証記事が目立つが、批判的論調が多くとても客観的で適切な報道とは思えない。

というのも、日本のメディアが苦手な外交・安全保障の分野が、じつはアベノミクスに代表される経済政策より大きな功績を残していると私は考えているからだ。

この２、３年で世界で定着した「自由で開かれたインド太平洋」という重要なキーワードがある。米中対決が鮮明になっていく中で、新しい世界の捉え方として、Ｇ７主要国だけでなく、世界中に通用する言葉になった。

そもそも、いまになって世界が口にするようになった「自由で開かれたインド太平洋」という言葉は、安倍晋三総理が第2次安倍政権を始動させた10年前の2012年12月26日翌日の12月27日に、彼が英語で発表した「アジアの民主的安全保障ダイヤモンド」という論文がベースになった。

オバマ政権もやっと任期最後の2016年から安倍ドクトリンに従い、トランプが大統領に就任すると、トランプ大統領が安倍総理の説明を全面的に受け入れ、米国防総省ペンタゴンの「インド太平洋戦略書」に結実した。そして、日米で「自由で開かれたインド太平洋」という戦略的文言を使い出し、2020年からは英国、フランス、そしてドイツまでもが「インド太平洋戦略」を新しい外交の重要な指針の一つとした。

これは日本の外交史上、嘉永7（1854）年の日米和親条約締結以来、実に168年で初めてのことだ。同時代の歴史を見究めることは、私たちにとって最も難しい。さらにいえば、2012年12月の英語論文の雛形は、2007年の第1次安倍政権崩壊直前の8月、インド国会で安倍総理が行った議会演説だったのだ。それを指摘する鋭敏な米国人ジャーナリストはいるが、日本ではほとんど見当たらない。

米国の有名な外交安全保障・軍事専門誌の「ナショナル・インタレスト」WEB版に、

２０１９年1月1日に《日本はアジアをリードできるか》（https://nationalinterest.org/feature/can-japan-lead-asia-39967）という論文が掲載された。執筆はクリスティーナ・ライというジョン・ホプキンス大学講師で若手の女性研究者だ。彼女はこの論考でまず《ＦＯＩＰ（西村注・自由で開かれたインド太平洋）は、新しく開発された概念》でなく《もともとは２００６年に日本の安倍晋三首相によって提唱された》と歴史的経緯を明らかにし、オバマ時代に支持されなかったがトランプ政権で支持され、多くの西側諸国が支持するようになったと説明する。

また、かつて日本は「大東亜共栄圏」という理念を持ちながら挫折するが、《第二次世界大戦の終わりに日本が敗北した後も、経済成長にもかかわらず、共栄圏の概念は日本の未達成の願望として残っていた》と客観的な大東亜共栄圏への指摘もある。これは少なくとも私が知る限り外国人の、しかも若い世代の批評として初めてだった。

《安倍首相が大東亜共栄圏から学ぶことができるのは、アジアおよびそれに続く開発途上国の発展と繁栄への包括的で多様な方法を構築することにある。当初の構想は、独立を通じてアジア諸国を西洋の支配から解放しようとしたものであり、シナと米国の間の激しい権力競争に直面したとき、その考え方の本質は依然としてアジア諸国の間で共鳴している。この意味で、日本は発展途上国と大国の間の信頼できる仲介者としての役割を果たすべきだ》と実に客観的な歴史認識で、世界史のプレイヤーの一人として、彼女は安倍総理を評価していた。だが、これは、世界基準の安倍ドクトリンへの評価の一つに過ぎない。大事なことは、日本人が全く知らないということなのである。

この論文の最後を紹介して本章の終わりとするが、このような政治家がかつて日本にいただろうか、と強調したい。また、それを知らせないシステムの駆除がいまこそ必要である。

《安倍首相がアジア・アフリカ首脳会議で最近述べたように、アジアとアフリカは発展のための活気に満ちた土壌だ。日本とインドは、これら2つの地域の開発途上国にとって信頼できるパートナーになることができる。共栄の概念の2つの本質は、日本のエリートがアジアおよびそれに続く開発途上国でアイデアや政策を提唱する修辞的な起業家になる方法についての洞察を提供している。日本は、歴史から学ぶことができれば、確かにインド太平洋戦略の策定においてより大きな役割を果たすことができる》

終章　あらゆるメディアは「プロパガンダ装置」である

「ベルリンの壁」と〈見えない東京の壁〉

20世紀の東西冷戦は、第二次世界大戦後のアメリカ合衆国を中心とする自由主義、資本主義陣営と、ソビエト社会主義共和国連邦を中心とする共産主義陣営との冷たい戦争だった。第二次世界大戦の勝者だった連合国側の米国とソ連が、それぞれ西側と東側から向き合い、大戦後の世界秩序形成を、つまり覇権（ヘゲモニー）を争った。これが一般的な解釈だ。

ところが最近は、東西冷戦そのものが壮大なプロレスで、やらせの対立で両陣営に支配力を持つ金融資本の勢力が冷戦を演出して軍事費や世界各地の代理戦争で莫大な利益を得ていたとする解釈も広まっている。だが、ここではその真偽は問わない。

というのも、両陣営を戦わせようという共通の勢力が米ソ両国の国家権力にそれぞれ影響力を行使したかどうかは別にして、かつての冷戦は現実として存在していたからだ。

その欧州の最前線はドイツだった。ナチスドイツの敗戦で東側からドイツに攻め入ったソ連と、大西洋側から攻め入った米英がドイツの首都、ベルリンで対峙した。ドイツを米ソどちらが占領するかが焦点になったが、お互い譲らず敗戦国ドイツは米ソによって分割される。その当時、現在のドイツの首都ベルリンは、東ドイツに位置していたが、ベルリン市の西側半分は米国が占領し、東側半分はソ連が占領した。西ベルリンは西ドイツの飛び地になった。

そんなベルリンでは、共産主義体制の下で経済的に疲弊して、自由のない人々が東ベルリンから西ベルリンに逃れ、西ドイツに亡命する東ドイツ人が続出した。共産主義の全体主義体制から自由と富を求めて逃亡したのだ。東ドイツは、ついに市民の亡命を防ぐために１９６１年にベルリンの中央に壁を建設し、西ドイツの飛び地であった西ベルリンを囲い込むように、人、モノ、金、そして情報の自由な行き来を遮断した。

それが、20世紀の東西冷戦を象徴する〈ベルリンの壁〉だった。やがて東ドイツ国民は西ドイツの情報を入手しにくくなり、また一方で、西ベルリン市民は東ドイツのなかで孤立を余儀なくされた。

では、東西冷戦のアジアの最前線はどこだったのか。いうまでもなく日本列島と朝鮮半島の38度線にかけてのエリアだった。日本は昭和20（1945）年8月15日にポツダム宣言受諾を昭和天皇が宣言し、日本軍は無条件降伏した。しかし、そのあとも、長崎への核攻撃直後に日本占領を目指して日ソ不可侵条約を破って日本に宣戦布告したソ連と果敢に戦ったのである。樋口季一郎陸軍中将を司令官として、樺太と千島列島で戦いソ連軍に損害を与え、何とか北方4島の占領で食い止め、北海道への侵攻を阻止したのである。日本の分割統治は何とか免れた。

しかし、日本を取り巻く状況はドイツと同じだった。実際、日本の統治下にあった朝鮮半島は米国とソ連に占領され、38度線より南の南朝鮮は米国によって大韓民国として独立し、北朝鮮もソ連によって朝鮮民主主義人民共和国として独立した。

ベルリンに東西ドイツを分割する象徴として「ベルリンの壁」があったように、東京に〈見えない東京の壁〉があって何の不思議もないだろう。

欧州での東西冷戦は1989年のベルリンの壁崩壊で終焉を迎えるが、現在の北東アジアは33年後の現在でも冷戦構造に置かれている。中国共産党は日本が〈失われた30年〉をのうのうと過ごしてきた間に財閥国家として国家資本主義を推進、驚異的に膨張し、全体主義国家として醜い異形の姿で覇権主義を推し進めている。

そんな21世紀の東西冷戦の最前線は、いうまでもなく日本である。東アジアで終わらなかった20世紀の東西冷戦が、より複雑、そして危険なかたちで私たちを取り巻いている。日本列島から沖縄、台湾へ向かう、中国共産党がいみじくも名付けた「第一列島線」が最前線として南シナ海の係争海域につながっている。

したがって、日本と東京を分断する〈見えない東京の壁〉は一層にハイテク化し、壁の東側に左傾反日メディアが存在し続けて、フェイク・ニュースと情報統制による「報道しない自由」を行使しているのである。日本の多くのメディアが、戦後76年以上にわたり反日的で、その論調が中国共産党や韓国、北朝鮮のメディアと酷似する理由である。

私は少なくとも、この〈見えない東京の壁〉で遮断された西側にいる。そうであるから言論の自由を行使して、壁の向こうの東・東京のメディアから発信される報道をこのように解析しているのである。西・東京の住民にも東・東京のメディアの情報が洪水のように降り注いでいる。それを贋物（フェイク）と嗅ぎ分けた情報感度の高い人が、数少ない西側・東京のメディアの報道を頼りにして〈ファクト〉にたどり着こうとしている。〈フェイク〉の洪水から〈ファクト〉を探し出すための、絶望的な時間と労力。誰もがそんな気の遠くなるような努力を強いられている。

したがって、私たち西側日本の住民は、「報道しない自由」を行使する情報統制システムを弱らせ、機能を停止させることが重要である。そうすることで１９８９年に東西冷戦が終結したように、北東アジアの冷戦を終結させられる。

さらに恐ろしいのは、本書の冒頭《「メディアの解体」が生んだ、新しい全体主義》で述べたように、巨大ＩＴが運営するプラットフォームがニュースメディアとして機能することで、以前よりはるかにわかりにくい状態でニュース情報が恣意的に操作、統制されることである。さらに外国資本の巨大ＩＴのＳＮＳが、多くの利用者に快適な場を提供しているかのように見せながら、見えない検閲と個人情報の不正利用まで行い、巨大ＩＴ企業どうしで情報統制まで行っている疑いがある。フェイスブックやツイッターの検閲は、犯罪的なものが対象にならない限り、日本国憲法21条違反であることは疑いのない事実である。

西側社会の巨大ＩＴが構築する情報空間が、まるでジョージ・オーウェルが近未来小説『１９８４』で書いたような絶対権力の独裁者、ビッグ・ブラザーが君臨する恐ろしい全体主義の空間になっているのである。しかもその情報空間は、〈見えない東京の壁〉から北京まで続くファイヤーウォールになり、シナの14億人を中国共産党が徹底的に管理する「金盾」と呼ばれる世界の情報を遮断する中国共産党のファイヤーウォールにつながっているのである。２０２０年までのトランプ政権の厳しい対中政策によってそんな背景に気づいた米国を含める欧州諸国が、いま、バイデン政権下でもシナとのディカップリングを推進して「21世紀の冷戦」が深化しているのである。

実際、１９８９年６月４日に北京の天安門広場で起きた天安門虐殺では、民主化を訴える学生たちの少なくとも１万人以上が人民解放軍に虐殺されたことが明らかになっている。

ベルリンの壁が11月に崩壊する冷戦崩壊の年に起きた世界史に残る悲劇的大事件だが、33年後の現在、「６・４」や「天安門事件」という単語をシナ国内でインターネット検索しても、検索結果が０《ゼロ》になるのである。これも中国共産党が反政府活動を封じるために行っているインターネットの検閲システムの一例だ。ネット環境に慣れ親しんでいる人たちにはこの検閲システムは周知の事実であるが、21世紀のデジタルメディア時代の新しい情報統制である。

情報統制は、本書で繰り返し述べてきた〈報道しない自由〉と同じ構造を持っている。全体主義の国と違い、日本人は自由な情報空間の中で報道、言論の自由を享受していると考えるのが普通だが、じつは、大間違いだ。なぜなら、見えない全体主義の情報統制のなかに、すでに私たちは置かれているからである。

人はモノを考えるとき、言葉を使う。では、言葉の使用が制限されたときに自由な思考は可能なのだろうか？　思考そのものがある枠組みに入れられてしまえば、おのずから思考に制限がかかるのは自明である。したがって、例えば戦争で負けた民族が使用できる言葉を制限されたり、侵略された民族が侵略者に言葉を奪われることが、人類の歴史のなかで古代から屡々《しばしば》行われれてきた。

第4章〈なぜ、メディアは「歴史洗脳」をするのか〉で述べたように、日本は第二次世界大戦で日米戦争に敗れると、6年8カ月ものあいだ米軍の占領を余儀なくされた。

連合国軍最高司令官総司令部（ＧＨＱ）による占領で、まずＧＨＱが日本に命じたのは〈大東亜戦争〉と〈八紘一宇〉という言葉の使用禁止だった。日本のメディアをＧＨＱが検閲する情報統制が行われる前に真っ先に特定の言葉の使用を禁止した。

わが国にとって未曾有の敗戦であり、２３０万人以上の戦死者と爆撃などによる非戦闘員の死亡者を併せれば、３００万人の生命が奪われた悲劇だった。日本はシナ事変も含め日米戦争を閣議決定で「大東亜戦争」と名付け、戦争スローガンを世界は家族であるという意味の「八紘一宇」とした。ＧＨＱはその二つの言葉を使用禁止にすることで、日本が何のために戦争を行ったのかという目的と意味を喪失させた。

ＧＨＱは「大東亜戦争」の代わりに米国が用いていた「太平洋戦争」という言葉を強制し、昭和20（１９４５）年12月９日からＮＨＫラジオで『眞相はかうだ』という番組を連日放送させて「太平洋戦争」という言葉を日本人に刷り込んだ。『眞相はかうだ』で日本軍がいかにひどい侵略戦争をアジアや西欧に仕掛けたのか、そして、日本国民に苛酷な苦しみを与えたというストーリーで連日放送を行ったのである。米軍のプロパガンダであることは第４章で述べたとおりである。

その結果、日本のメディアは軍事・安全保障の分野が著しく破壊され、GHQの検閲どおりに「報道しない自由」を行使している。

その端的な例が平成25（2013）年6月2日の朝日新聞に掲載された小さな記事だった。重要なインドネシアの国防大臣の談話記事にもかかわらず、非常に小さいベタ記事で、普通の人は見逃してしまう。《国防軍創設を「支持」》という見出しの記事はこう続いていた。

《小野寺五典防衛相は1日、訪問先のシンガポールでインドネシアのプルノモ国防相と会談した。日本側の説明によると、自衛隊を憲法改正により国防軍とすることについて、プルノモ氏は「支持したい。その際には協力が拡がるのではないか」と語った。国防軍創設は自民党が改憲草案に明記。中国の海洋進出に直面するインドネシアには、日本の軍事力が増せば中国への牽制（けんせい）になるとの期待がある。（シンガポール）》

通信社の記事ではなくシンガポールに飛んだ特派員の記事である。東南アジアで最も人口が多く経済成長も著しいインドネシアが日本の憲法改正、とりわけ9条改正を積極的に支持した。どう考えても一面トップにふさわしい記事だ。ところが、実際はほとんどの人が見過ごしてしまうかのような記事になっている。明らかに意図的だ。シンガポールから送られた原稿はこの少なくとも4～5倍はあったはずで写真も添えられていたはずだ。

だが、もしインドネシアの国防大臣が違うことを言っていたらどうなったであろうか。例えば、「日本の憲法改正には反対する。日本はアジアの平和のために9条を死守すべきである」と答えていたら、この記事は間違いなく朝日新聞の一面トップを飾ることになっていただろう。

これもメディアの報道しない自由に従った情報操作の一例である。朝日、毎日、テレビ朝日、TBS、NHKなどは、9条を宗教的信念を持って神棚に祀り上げているので、非常に偏狭な価値観で自分たちの基準に基づいて「報道しない自由」を行使している。

これは2017年のことだが、私のツイッターやフェイスブックのフォロワーからメッセージが何通も届いた。同じ内容である。当時来日中の英国メイ首相が海上自衛隊の最大の護衛艦「いずも」に乗艦し、栄誉礼を受けている光景を初めて見たというメッセージだった。私がその動画をSNSに掲載したからだが、それだけメディアが報道していなかったということを裏付ける。報道があったとしても小さな扱いだったはずだ。

記憶ではNHKもニュースで一回だけ報じた。地上波の情報番組はメイ首相と安倍首相の重要な会談や動向を報じることはほとんどなかった。メディアは意識的に軍事関連の情報をできるだけ削除して統制しているのである。とくに軍艦、戦闘機という、普通の国なら軍の花形として大きく注目されるものを日本のメディアは忌避する。

ちなみに、私はSNSでこう紹介した。

《メイ首相は8月31日、日本海軍（海自）ヘリ空母「いずも」に乗艦し栄誉礼を。この動画は栄誉礼の後の英国国歌演奏。就役したばかりの英海軍空母クイーン・エリザベスと「いずも」が日英海軍共同演習で、南シナ海、インド洋を遊弋《ゆうよく》する日も近い》

実際、4年後の2021年に英国海軍の旗艦として最新鋭空母クイーン・エリザベスはアジアに派遣され、横須賀に寄港し海上自衛隊と共同訓練を行った。私の予想どおりになったわけだ。だが、一般メディアは絶対にこのような表現はできない。憲法はまだ改正していないので日本海軍でなく海上自衛隊と表記するのが当然である。ただ、私がいつも敢えてこのように表記するのは理由がある。海外のメディアが自衛隊を紹介するとき、くわしい場合は、例えば海上自衛隊の場合は正式な英文表記として決まっているJapan Maritime Self-Defense Force（JMSDF）を使用する。「自衛」に該当する「Self-Defense」という単語はあるが、次に続くForceという単語には「隊」の意味はなく「軍」なのである。

あるいは簡略して、海外メディアが「Japan Navy」と呼ぶことも多い。つまり日本海軍である。世界中でそう呼ばれていることの意味が大切だが、日本のメディアがそれに気づくことはない。憲法で軍隊を持たないことになっているので、現実の感覚を失っているのである。これは致命的で世界では軍隊の行動規範がネガティブリストで行われるのに、自衛隊は警察と同様のポジティブリストになっている。任務の際に何と何ができるかという行動規範で、例えば、攻撃されたら正当防衛で反撃できるということだ。

ところが世界の軍隊組織はネガティブリストで行動する。原則として規制がないなかで、例外として禁止するものが戦時国際法で禁止されている行為である。日本のメディアもそれくらいは知っているはずで、知っていれば9条が自衛官にいかに危険なものかということもわかっているはずだが、現実の感覚を失っているから理解できないのだ。

メイ首相でいえば、2016年7月の英国議会で、こんなやり取りがあった。日本ではまったく報じられていない。トライデントという英海軍の原潜搭載核ミサイルのシステム更新の予算についての審議だった。多額の予算が要るからだ。質問に立った野党議員はメイ首相にこう質問した。

「貴女は罪のない男女や子どもたち数十万人を殺す用意ができますか?」

メイ首相は即座に「Yes」と答え、淡々と審議が進んだのである。そして彼女はこう続けた。

「ここにいる紳士の方はおわかりかと思います。われわれがそのような覚悟を持つことが、敵がわれわれを攻撃することを躊躇《ちゅうちょ》させる抑止力になるのです」

この答弁の後、支持率が上昇したメイ首相は、2017年の解散総選挙に敗北し苦しい政局運営を迫られることになったが、この2016年7月の議会答弁が英国で何か問題になったことなどない。メディアも政治家もきちんとした議会制民主主義を運営していることがわかる。もし日本の国会でこのような質疑があったらメディアや野党はどう反応するだろうか？　日本の安保法案や特定秘密保護法案の国会審議や朝日新聞やテレビのニュース番組などを思い出すと気が遠くなる。

だが、日本も本来なら、拙著『日本人に「憲法」は要らない』（ベスト新書）で指摘したように、英国と同じように「憲法」など必要としない国である。飛鳥時代から聖徳太子の17条の憲法があったように、歴史的にも伝統的にも、成熟した政治システムを備えた国なのである。日本人がそれに気づけば、英国のような大人の議会運営も可能になるだろう。

外交と軍事は不可分なものだが、なかなかいまの日本人には理解されにくい。であるならば、メディアが率先して受け手に情報を届けて意識を高めるしかないのだが、軍事学という講座が日本の大学には防衛大学を除くと一つもないという、世界でも珍しい軍事音痴国家になっている状況は非常に危ないと言わざるを得ない。

本書で巨大ＩＴ企業が新しい全体主義の危険な担い手になっていることに何回か触れた。資本主義の最先端のグローバル企業が、なぜ全体主義国家の独裁体制と手を結ぶのかを不思議に思う読者もいるはずだ。しかし答えは簡単だ。国境や体制の違いを超えて、そこを行き交う金が手に入れば、それでよしとするグローバル企業は少なくない。

2017年1月17日、米国の政治専門メディア「ウエスタン・ジャーナル」は《法執行機関のトップフェイスブックとグーグルは秘密裏に大きな取引を行い、ザッカーバーグは直接関与していた》という記事を報じた。米国の複数の州でグーグルとフェイスブックに対し、デジタル広告市場を追い詰める違法な密約があるという、独占禁止法違反の提訴が行われている。つまりオンライン広告市場での自由で公正な取引に反する密約を両社の経営者が結んだということだ。この問題はじつは言論統制に直結している。グーグルが削除したいコンテンツを子会社のユーチューブは当然排除し、フェイスブックも同じ検閲をするという問題の一面を明らかにした。

巨大IT企業による自社を僭越する越権行為と憲法違反である検閲の裏側には、必ずこの種のカルテル、独占禁止法違反行為が国境を超えて存在するということを示唆している。例えば、ユーチューブによる検閲効果には、常に同時にその強化分に相当する利益があるということだ。この仕組みは国境を越えて日本人の言論空間も支配しているのだ。

おわりに

今年は2002年日韓ワールドカップ開催からちょうど20年になる。この20年間で日本のマスメディアと〈受け手〉の関係が劇的に変化した。その理由は5月31日に始まった日韓ワールドカップの報道が事実を事実として伝えず、サッカー以外の思惑で歪曲と偏向があまりにひどかったからだ。サッカーファンは当然それに気づき、「2ちゃんねる」（現5ちゃんねる）やさまざまなインターネットのサッカー掲示板で多くの情報を共有し、議論が沸騰した。今流に言えば大「炎上」だった。

そして9月17日に当時の小泉純一郎総理大臣が安倍晋三官房副長官を伴なって北朝鮮を訪問、金正日が日本人拉致を認め謝罪した。〈小泉訪朝〉である。10月15日に5人の拉致被害者を奪還すると、それまで拉致などないと平然と言っていた多くの政治家、言論人、メディアが批判され大炎上した。これら二つのまったく分野の異なる出来事がそれぞれ南北朝鮮と日本との関係のなかで起きた平成14（2002）年が、日本人がメディアの、それも左傾メディアに批判と疑惑を向け始めた「メディアの終焉元年」になった。

この年の2月に私は「２００２ｃｌｕｂアフガン・プロジェクト」を立ち上げ、編集長をしていたサッカー情報サイトでアフガニスタンの子どもたちにサッカーボールを贈り、日韓ワールドカップをパブリックビューイングで観戦してもらう計画を進めた。２００１年９・11の米同時多発テロ後のアフガン戦争が一応終わり、アルカイーダやタリバンが支配していたアフガニスタンに平和が戻り、スポーツを楽しむ環境が整えられたと思ったからだ。皮肉にも昨年バイデン米大統領が行った米軍のアフガン撤退は大失敗に終わり、世界の不穏さと危機は20年前より増している。

それらのさまざまな出来事の流れのなかに身を置いた私は、この年の暮れに初めての分野に手を染め、「メディアの解体」という小論を書いた。スポーツ、歴史問題、メディア論、安全保障をごった煮にした評論だったが、翌年平成15（２００３）年3月に当時西岡力氏が編集長をしていた「現代コリア」に掲載された。「メディアの解体」は初の評論集『「反日」の構造』（ＰＨＰ研究所　２００４）に収録されたが、インターネットによる情報の共有化こそが既存の反日メディアへ、反抗、対峙できる日本人のツールになると書いていた。

高校や大学時代の昔からだったが、全体主義というものに鋭敏に反応して嫌悪していた。表向きはそう見えなくても全体主義の匂いを嗅ぎ取れるものには警戒をした。本書で繰り返し述べたのは、メディアが全体主義の装置になることの恐ろしさだ。日本の既存メディアのそれを長年批判していたが、2020年米大統領選挙を取り巻く、既存メディアだけでなく巨大ITプラットフォームの情報統制の恐ろしさに震撼した。

ナチスの迫害から米国へ逃れたユダヤ系ドイツ人の女性思想家、ハンナ・アーレントは全体主義をこう定義した。


客観的な敵という概念の導入は、全体主義体制が機能するためには、誰が現時点での敵であるかをイデオロギーに基づいて決定することよりも重要である。単にユダヤ人もしくはブルジョワを絶滅するというだけのことだったら、全体主義的支配はただ一度巨大な犯罪を行なった後に正常の生活と正常の統治方法の日常性に復帰するものと一応考えてもよかろう。周知のように事実はその逆なのである。客観的な敵という概念はイデオロギー的に規定された敵に対する憎悪よりも長い生命を持つ。（ハンナ・アーレント／大久保和郎、大島かおり訳『新版 全体主義の起原3』みすず書房）

彼女ほど身をもって全体主義の恐ろしさを自覚した思想家はいなかったかもしれない。だからこそアーレントはアイヒマン裁判でアイヒマンを裁くイスラエルを批判できた。ユダヤ人にとってどれだけの勇気で立ち向かえたのか想像もできない。

彼女のこの定義を援用すれば、日本を《客観的な敵》とする前提だけで反日ファシズムの思考回路になる。そんなメディアはプロパガンダ装置にすぎなくなるので、「報道しない自由」という情報統制に走ることになる。

ファシズムを、同質的な価値観、均一した思考で国家という枠組みに帰依しようとする全体主義を表すものと定義すれば、〈反日ファシズム〉とは、マルクス主義崩壊後も、東アジアで冷戦構造を保とうとする全体主義であり、さらに、同質的な価値観、均一した思考で日本という国家の枠組みを破壊する全体主義といえる。さらにいえば、〈国家〉でなく〈グローバリズム〉という枠組みに帰依する均一思考も全体主義でファシズムとなる。

米国で猛威を振るい、ここ数年日本にも襲い掛かっている、ジェンダー思考、ＬＧＢＴもポリティカル・コレクトネスと同様に簡単にファシズムの形態で普通の人々に襲い掛かるのである。そしてそれをメディアが装置として推進する。

そこで、日本を愛する人々や日本そのものに、日夜、「報道しない自由」を行使する報道テロが行われることになるのである。

本書で繰り返し述べたのは、メディアが本来の役割を果たしていない、危険なわが国と世界の状況についてである。


本書の底本になった『報道しない自由』（イースト・プレス　２０１７）上梓の際に助手として尽力してくれた尾崎克之氏と編集者の畑祐介氏にあらためてお礼を申し上げる。

また、本書の刊行を企画し粉骨砕身して発刊に漕ぎつけてくれた株式会社ワニ・プラスの佐藤俊彦氏に心から感謝している。

令和4年1月吉日

西村幸祐

※本書は、『報道しない自由――なぜ、メディアは平気で嘘をつくのか』（2017年　イースト・プレス）に加筆修正して新書化したものです。

報道しない自由

「見えない東京の壁」とマスメディアの終焉

2022年3月10日　初版発行
2022年4月20日　2版発行

著者　西村幸祐

西村幸祐（にしむら・こうゆう）
批評家、関東学院大学講師。昭和27年東京生まれ。慶應義塾大学文学部哲学科在学中より「三田文学」編集担当。音楽ディレクター、コピーライター等を経て1980年代後半からF1やサッカーを取材、執筆活動を開始。2002年日韓共催W杯を契機に歴史認識や拉致問題、安全保障やメディア論を展開。「表現者」編集委員を務め「撃論ムック」「ジャパニズム」を創刊し編集長を歴任。(一社）アジア自由民主連帯協議会副会長。著書は『ホンダ・イン・ザ・レース』（講談社）、『「反日」の構造』（文芸社文庫）、『NHK亡国論』（ベストセラーズ）、『21世紀の「脱亜論」』（祥伝社新書）、『韓国のトリセツ』（ワニブックス【PLUS】新書）、『朝日新聞への論理的弔辞』（ワニ・プラス）など多数。

発行者　佐藤俊彦
発行所　株式会社ワニ・プラス
〒150-8482
東京都渋谷区恵比寿4-4-9 えびす大黒ビル7F
電話　03-5449-2171（編集）
発売元　株式会社ワニブックス
〒150-8482
東京都渋谷区恵比寿4-4-9 えびす大黒ビル
電話　03-5449-2711（代表）
装丁　橘田浩志（アティック）
柏原宗績
DTP　株式会社ビュロー平林
印刷・製本所　大日本印刷株式会社

ISBN 978-4-8470-6192-9
ワニブックスHP　https://www.wani.co.jp